일본 전직외교관이
말하는

일본의
역사·
인식

일본 전직외교관이
말하는

일본의 역사 인식

도고 가즈히코 지음
조윤수 옮김

역사공간

일러두기

- 이 책은 일본인 독자를 대상으로 일본인의 관점에서 쓴 것으로 독도와 역사현안에 관한 내용이 한국 정부나 사회의 견해와 다른 부분도 있다. 하지만 일본 지식인이 이러한 문제에 대하여 어떻게 생각하는지를 생생하게 전달하기 위하여 본문 그대로 번역하였다.

- 저자는 일본의 영토문제로 러시아와의 남쿠릴 열도, 중국과의 센카쿠 열도, 그리고 한국과는 독도 문제를 들고 있다. 한국 정부는 독도가 역사적·지리적·국제법적으로 고유영토이기 때문에 한일 간에는 영토문제가 존재하지 않는다는 입장이다.

- 일본 원서에 표기된 '竹島'는 '독도'로 바꾸었다.

- '북방영토'는 일본에서 사용하고 있는 용어로 남쿠릴 열도, 즉 하보마이, 시코탄 , 구나시리, 에토로후의 4개의 섬을 위주로 하는 지역이다.

- 일본에서 사용하고 있는 '센카쿠'는 중국에서는 댜오위다오(釣魚島), 대만에서는 댜오위타이(釣魚臺)라고 부른다.

- 일본어 책이 출간된 이후 달라진 정세에 대해서는 머리말과 역자주를 통해 보충하였다.

저자 도고 가즈히코 교수는 전직 외교관으로 이론과 실제를 겸비한 보기드문 외교 문제 전문가이다. 세 차례나 모스크바 일본대사관에서 근무하고 소련과장, 조약국장 등을 역임한 일본 외무성을 대표하는 러시아 전문가이기도 하다. 그는 러시아와의 북방영토 교섭에 많은 노력을 기울여 왔는데 『북방영토 교섭 비록: 잃어버린 다섯 번의 기회』라는 책은 북방영토 교섭이 실패한 원인을 분석한 역작이다.

도고 교수는 한국과도 남다른 인연이 있다. 그는 임진왜란 때 일본으로 끌려간 조선인 도공의 후예이다. 또한 3대에 걸친 외교관 가문으로 그 자체의 삶이 어쩌면 일본 외교와 밀접한 관련이 있다. 그런데 그의 조부는 태평양전쟁 개전과 패전 당시 외교부 장관을 지낸 도고 시게노리東鄉茂德로 도쿄재판에서 A급 전범으로 유죄판결을 받고 복역 중에 사망하였다. 야스쿠니신사에 합사되어 있는 A급 전범 중의 한 명이다. 그리고 부친은 외무성 사무차관을 역임한 도고 후미히코東鄉文彦다. 도고 교수가 동아시아 역사 문제에 본격적인 관심을 갖게 된 계기는 네덜란드 대사를 끝으로 퇴임한 2002년으로 거슬러 올라간다. 퇴임 후 라이덴대학교(네덜란드), 프린스턴대학교(미국), 캘리포니아주립대학교(미국), 단장淡江대학교(타이완), 서울대학교 등에서 연구와 강의를 하면서 일본 총리의 야스쿠니신사 참배문제, 일본군 '위안부' 문제에 대한 국제사회의 인식과 일본 국내의 인식 차이가 너무나 크다는 것을 경험한다. 특히 야스쿠니 문제는 그의 조부인 도고 시게노리의 문제이자 자신의 가족 문제이기도 했다.

내가 도고 교수를 처음 만난 건 2009년 6월 워싱턴에서 개최된 세미나였다. 도고 교수는 세미나 석상에서 거침없이 자신의 견해와 주장을 이야기했는데 이제껏 내가 만났던 보통의 일본인 선생님들에게서는 좀처럼 찾아볼 수 없는 매우 인상적인 모습이었다. 그의 진솔한 이야기와 열띤 토론은 세미나에 참석한 모든 청중들의 마음을 사로잡았다. 이것을 계기로 나는 도고 교수의 생각에 흥미를 갖게 되어 「역사와 외교: 야스쿠니·아시아·도쿄재판」(2008)이라는 그의 글을 읽어보았다. 이 책은 그가 2008년에 집필한 책을 보완한 것으로 2012년까지 전개된 일본을 둘러싼 '위안부 문제'를 비롯한 역사 현안, 센카쿠에서 비롯된 일중 관계 악화 등 일본의 상황을 보다 상세하게 쓴 글이다.

도고 교수는 전직 외교관이지만 방대한 자료를 읽고 해석하는 능력은 학자 못지않다. 특히 급변하는 국내외 상황을 외교관의 감각으로 핵심을 짚어내는 능력은 연구자로서 부럽기도 하다. 역사 문제를 바라보는 시각은 일본 외교관 출신이면서도 일본 정부 견해를 두둔하기보다는 합리성과 객관성을 추구하고 있다. 사실 나는 그가 일찍 외무성을 퇴임한 것이 안타깝다. 그가 좀 더 일본 외교의 일선에서 활약했다면 어쩌면 과거사 문제가 조금은 해결되지 않았을까 하는 막연한 생각이 들기 때문이다.

그럼에도 불구하고 일본의 식민지 지배에 대한 견해나 독도 문제에 대한 견해 가운데 한국인으로서는 이해할 수 없는 부분이 있는 것도 사실이다. 한국에 애정을 갖고 있는 일본인이지만 역사 문제와 독도를 보는 입장은 확연히 다를 수밖에 없다는 것을 이 책을 통해 새삼 깨달았다. 일부 부정확한 내용이나 사실이 잘못된 부분은 역자주를 달아 보완하려고 했다.

이 책을 읽을 때 주의할 것은 이 책은 처음부터 한국인이 아닌 일본인을 상대로 썼다는 점이다. 사실 야스쿠니 문제를 비롯한 역사 문제와 영토 문제는 사실 일본의 외교 문제이기도 하지만 일본 국내 문제이기도 하기 때문이다.

우리와 가깝고 한국을 이해하려는 일본 학자들조차도 역사 문제와 영토 문제에 있어서는 약간의 거리감이 느껴지는 것은 어쩌면 당연한 것일지도 모르겠다. 그렇지만 이것이 한국인을 대상으로 한 책이 아니라 일본인을 대상으로 한다는 점에서 오히려 일본을 이해하는 데 더욱 도움이 될 것이다.

내가 유학시절 일본에 있을 때 가장 이해하기 힘든 것은 일본은 왜 주변국의 반대에도 불구하고 야스쿠니신사 참배를 계속하는가? 왜 교과서에서 독도를 일본 땅이라고 주장하는가? 왜 일본은 과거의 잘못된 역사를 정직하게 바라보지 않고 망언을 계속하는가? 하는 3가지의 기본적인 의문이었다. 나는 일본에 대해 제대로 비판하기 위해서는 상대에 대한 깊은 이해가 필요하다고 생각한다. 일본에 대한 얕은 이해와 비판이 어쩌면 일본이 주변국의 비판에도 불구하고 변하지 않는 이유일 수도 있다고 생각했다.

이 책은 일본인을 대상으로 쓰여진 책이지만 한국인에게 일본은 어떤 나라인가 일본의 소위 지식인이 역사 문제와 영토 문제를 어떻게 생각하는지를 이해하는 데 도움이 될 수 있다고 생각하여 이 책을 번역하게 되었다. 그들의 생각이 우리와 어떻게 다른 지 실감나게 전달하기 위하여 가급적 원본을 충실히 번역했다. 독자들이 이 책을 읽으면서 일본이 역사 문제와 영토 문제를 어떻게 바라보고 있는지 좀 더 냉철하고 객관적으로 바라보는 시각을 갖는 계기가 되었으면 하는 바람이다.

2015년은 한일협정 50주년이자 광복 70년을 맞는 해이다. 그럼에도 불구하고 한일 양국은 여전히 역사 문제로 갈등과 협력을 되풀이하고 있다. 지난 50년간 해결되지 않은 역사 문제가 50주년을 계기로 갑자기 해결될 수는 없겠지만 올해가 한일 관계 진전을 위해 노력하는 해가 되기를 기대한다.

마지막으로 한국어 출판을 허락해준 도고 가즈히코 교수님과 가도카와 원테마 21 출판사, 그리고 꼼꼼하게 몇 번이나 교정 원고를 봐주고 출판에 힘써준 도서출판 역사공간에 감사드린다.

2015년 3월 22일
조 윤 수

차례

『역사인식을 다시 묻는다歷史認識を問い直す』가 한국어로 출판된 것에 감사를 드린다. 이 책이 일본에서 출판된 것은 2013년 4월로 꼭 2년 전의 일이다. 그 후 2년 동안 이 책에서 다루었던 일본의 대외관계는 다양한 측면에서 많은 변화가 있었다. 따라서 한국 독자를 위해 최근 2년 동안의 일본 외교 동향을 대對 중국·한국·러시아·미국(안전보장정책 관련 동향 포함) 동향으로 나누어 설명하고자 한다. 그리고 2015년의 전망도 덧붙였다.

중국

2014년 중일中日 관계는 예기치 못한 사태로 인해 크게 후퇴했다. 이 책을 쓴 시기에 내가 우려하고 있었던 야스쿠니 신사靖国神社 문제가 표면화된 것이다. 2013년 12월 26일 아베安倍 총리가 야스쿠니 신사를 참배했다. 이 책에서 쓴 바와 같이 야스쿠니 참배에 대해서는 일본 내에서 다양한 의견이 있다. 하지만 중국과의 관계는 현재 센카쿠 열도尖閣列島 문제로 중일 간의 긴장감이 높아지고 있어, 이에 대한 '억지抑止'와 '대화對話'가 일본 외교·방위의 가장 큰 우선과제가 되고 있다. 야스쿠니에 대한 생각이 어떻든 야스쿠니 방문이 중국을 도발할 것이고, 더 나아가 중국과의 대화에도 장애가 될 것이라는 것은 확실하다. 세계 각지의 중국대사관은 '전후 현실을 인정하지 않는 일본'이라는 대대적인 캠페인을 벌였다. 나는 이 일로 인해 중일 간의 대화가 예상했던 것보다 적어도 반년은 늦어지게 되었다고 생각한다.

그럼에도 불구하고, 아베安倍 정권과 시진핑習近平 정권은 2014년 11월 10일, 베이징에서 열린 APEC 행사에서 첫 대화의 물꼬를 텄다. 많은 중일 관계자 및 외교 당국이 진지하게 노력한 결과였다고 생각한다. 그 성과는 11월 7일 발표된 '중일 관계의 개선을 향한 교섭日中関係の改善に向けた話合い'이라는 문서 속 4개항 합의로 결실을 맺었다. 이 4개항 합의는 매우 가치가 큰데, 전문은 아래와 같다.

1. 쌍방은 중일 간 네 가지 기본문서의 제 원칙과 정신을 존중하고, 중일 간 전략적 상호관계를 계속 발전시켜 나갈 것을 확인했다.
2. 쌍방은 역사를 직시直視하고, 미래를 지향한다는 정신에 따라, 양국 관계에 영향을 미치는 정치적 곤란을 극복한다는 데 일정 부분 인식이 일치했다.
3. 쌍방은 센카쿠 열도 등 동중국해 해역에서 최근 긴장상태가 발생하고 있는 상황에 대해 서로 다른 견해를 갖고 있음을 인식하고, 대화와 타협을 통해 정세가 악화되는 것을 방지함은 물론, 위기관리 메커니즘을 구축하여 예측하지 못한 사태 발생을 회피하자는 것에 의견 일치를 보았다.

4. 쌍방은 다양한 다자 및 양자 간 채널을 활용하여 정치·외교·안보대화
   를 서서히 재개하고, 정치적 상호 신뢰관계 구축에 노력한다는 것에 의
   견의 일치를 보았다.

명시되어 있지는 않지만 제2항은 야스쿠니 문제를 말하는 것이다. '일정
부분'이라는 말 속에는 '만약 참배를 한다면 중일 관계는 매우 어려워질 것'
이라는 중국 측의 입장과 '가지 않겠다고는 절대로 확언하지 않겠다'는 일
본 측 입장이 모두 포함되어 있으며, 그 이상의 합의는 없다는 뜻일 것이다.
그렇다면 당분간 아베 총리가 야스쿠니 참배를 스스로 억제함으로써 이 문
제를 표면화시키지 않는 것 이외에는 방책이 없다고 생각한다.

센카쿠 문제는 제3항이다. 일본은 '해결해야 할 영토문제는 존재하지 않
는다'는 입장을 견지하는 한편 중국은 '일본은 영토문제가 존재한다는 사
실을 인정해야 한다'고 주장해 왔다. 일본은 입장을 바꾸지는 않으나 '중국
의 주장도 인식한다'는 것으로, 중국은 '영토문제가 존재한다'는 표현을 고
집하지 않음으로써, 쌍방이 수용할 수 있었다. 결과적으로 센카쿠 지역에서
일어난 긴장을 제거하기 위한 대화의 문이 열렸다.

이 합의 이후, 중국 공선公船에 의한 센카쿠 영해 침범이 횟수는 줄었지
만 완전히 사라지지는 않았다. 중국 공선의 동향은 해상보안청 홈페이지에
정확히 보고되어 있다(http://www.kaiho.mlit.go.jp/senkaku/index.html
2015년 1월 12일 검색). 정상회담이라는 첫 발을 내딛고 이후에도 대화가
실제로 추진되어, 중국이 영토주권을 입증하기 위해 시도하고 있는 공선의
침입을 중지시키는 것이 가능할까? 1972년부터 2012년까지 존재했던 '현
상유지status quo'의 상황으로 되돌릴 수 있을 것인가. 중일 간 평화와 신뢰

는 이 매우 어려운 과제를 어떻게 해결해 나갈 것인가에 달려 있다고 할 수 있다.

한국

2013년 12월 아베 총리의 야스쿠니 방문에 이어, 일본의 일부 여론은 위안부 문제와 관련하여 고노 담화河野談話를 재검토하자는 주장을 펼쳤다. 이 움직임은 분명히 미국을 강하게 자극했을 것이다. 미국은 동아시아의 최대 문제로 중국의 대두를 꼽고 있다. 미국에게 한국과 일본은 중국을 대항하기 위한 공동의 파트너이다. 역사인식 문제를 둘러싸고 심각해지는 한일 관계를 더 이상 복잡하게 만드는 것은 미국의 허용 범위를 넘어선 것이라고 생각한다.

2014년 3월 12일과 13일, 사이키 아키타카斎木昭隆 외무차관外務次官이 한국을 방문했다. 3월 14일 참의원參議院 예산위원회에서는 아베 총리가 고노 담화에 대해 '아베 내각에서 재검토하는 것은 생각하고 있지 않다'며, '필설筆舌로 다하기 어려운 괴로움을 당한 분들을 생각하니 매우 가슴이 아프다. 그 생각은 나도 역대 수상들과 다르지 않다'고 답변했다. 동시에 이날 답변에서 스가 요시히데菅義偉 관방장관官房長官은 '고노 담화 작성 과정에 대한 실태 조사가 필요하다'고 말했다.

이상의 움직임은 바로 외교관계의 움직임에 반영되었다. 3월 헤이그Hague에서 개최되었던 오바마 대통령과 아베 총리, 그리고 박 대통령의 3자 회담은 위안부 문제에 대한 일본 측의 접근을 기초로 이루어졌다. 이로 인해 4월 오바마 대통령의 방일訪日, 방한訪韓이 이루어질 수 있었다고 해도 좋을 것이다.

다음 국면은 스가 관방장관이 약속한 고노 담화 작성경위의 조사였다. 6월 20일 '위안부 문제를 둘러싼 한일 간 교섭 경위慰安婦問題をめぐる日韓間の やりとりの経緯'라는 장문長文의 보고서가 발표되었다. 상황은 의외의 방향으로 전개되었다. 우선, 보고서 자체, 담화 작성 과정에서 위안부에 대한 협의의 상제성(목덜미를 잡고 트럭에 태워 납치해 가는 행위)을 인정한 부분은 나오지 않았다. 한국 정부의 역할에 대해서도 내가 이 기록을 읽어본 바로는, 양심적으로 업무를 보는 외교관이라면 당연히 할 일을 했었다는 인상을 받았고, 그 의견을 넣은 일본 측이 담화의 책임을 조금이라도 한국 측에 전가하려는 의도가 아님은 확실했다.

게다가 담화가 발표된 직후, 담화의 당사자인 고노 요헤이河野洋平가 '(검증결과) 보고서에 대해 내가 더할 것도 뺄 것도 없다. 모두 정확하게 쓰여 있다'(6월 22일 『마이니치신문每日新聞』)고 하여, 이른바 보고서의 내용을 추인하는 성명을 발표했다. 이에 고노 담화가 그 지지자뿐만 아니라 비판자들에게도 나름의 지지를 받아, 일본에서 평가가 강화되는 예상치 못한 상황이 일어난 것이다.

그런데 더욱 뜻밖의 움직임이 일어났다. 8월 5일, 『아사히신문朝日新聞』이 좌우 4면에 걸쳐 '위안부 문제 어떻게 전달되었나, 독자의 의문에 답한다慰安婦問題どう伝えたか、読者の疑問に答えます'라는 큰 특집 기사를 발표하고 1982년 요시다 세이지吉田清治가 증언한 '제주도에서의 강제연행'에 대하여 '이 증언은 허위라고 판단되어, 기사를 취소한다'고 공고한 것이다. 위안부 문제가 한일 간에 다루어지기 시작한 초기에 요시다의 증언이 일본군과 위안부의 관계에 대한 일정한 이미지를 형성해 왔다는 점은 이에나가 사부로家永三郎의 『전쟁책임戦争責任』(1985), 유엔 『쿠마라스와미 보고』(1996) 등을

통해 이미 잘 알려진 이야기였다. 요시다 증언에 대해서는 일본에서 가장 권위를 갖고 연구해 온 우파右派 측 하타 이쿠히코秦郁彦와 좌파左派 측 요시미 요시아키吉見義明가 이미 1997년에 '강제연행을 보여주는 자료는 없었다'며 그 신빙성을 부정하는 결론을 도출하여 이미 결말이 난 문제라고 볼 수 있다.

그러나 요시다 증언에 대한 『아사히신문』의 허위인정은 고노 담화를 부정하고 싶어하는 세력에게 강한 반격의 계기를 마련해준 것으로 보인다. 아베 정권이 이 문제에 앞으로 어떻게 대응할 것인가는 이 책을 집필하는 시점에서는 확실하지 않다. 이 문제와 관련하여 나름의 정치적 해결을 모색하기 위해서는, 지금 한국에서 생존 중인 약 50명의 위안부 피해자분들과 화해하는 것이 현재 예상할 수 있는 유일한 해결책이라고 나는 생각한다. 이를 위해, 위안부 피해자분들의 마음에 깊이 스며들 만한 사죄를 표명하는 것이 필수적이다. 또 하나는 구체적인 행동으로서 '아시아여성기금アジア女性基金'이 민간을 통해 조달했던 보상금을, 이번에는 정부가 조달하는 예산으로 지원하는 방안을 핵심적으로 고려해 보는 것이다. 이를 위해서는 아베 정권의 명시적明示的인 행동과 함께 박 대통령을 비롯한 한국의 전면적인 공동행동이 필요하다고 생각한다.

하나 더 언급하고 싶은 문제가 있다. 2012년 5월 한국 대법원이 전시 강제노동에 대한 보상 문제는 1965년 한일청구권협정에 의해서는 해결되지 않았다고 판결 내렸다. 이에 대해 많은 일본인이 경악했다. 전시 강제노동 문제가 1965년 청구권협정에 따라 해결된 안건 중의 하나라는 것은 지금까지 한국 정부도 동의해 온 바였다. 이 안건은 지금 대법원에서 확정판결을 내리지 않고 있다. 피고는 미쓰비시중공업三菱中工業과 신일철주금新日鉄住金

등 일본을 대표하는 기업이다. 한국 외교부의 조사에 따르면, 이와 같은 판결이 내려질 가능성이 있는 일본 회사는 300개 가까이에 이른다고 한다. 만약 유죄 판결이 확정되고, 판결의 강제집행이 이행되어 한일 정상화를 이룬 65년체제를 근본적으로 부인하게 된다면, 양국 관계는 말 그대로 도무지 앞을 내다 볼 수 없는 혼란에 빠져들 것이다.

나는 65년체제의 기반을 무너뜨리는 한국 대법원의 판결을 일본이 받아들이는 것은 힘들다고 생각한다. 한국 사법부의 판단은 지금까지의 한국 정부 입장을 부정하고 있다. 문제를 해결하기 위해서는 기본적으로 한국 정부가 움직일 필요가 있다. 그러기 위해서라도 위안부 문제를 조속히 해결하여 한국 내 지일온건파가 활동하기 쉽도록 여건을 마련하는 것이 간접적이나마 한일 관계에 일본이 공헌하는 것이 될 것이다.

러시아

중국, 한국과의 관계가 2년 전 상당한 어려움에 직면했고, 그 후 2년간 우여곡절을 겪으면서도 관계개선을 위한 나름의 노력을 기울여온 데 비하여, 러일 관계는 전혀 다른 국면을 맞이했다. 이 책에서 쓴대로 2년 전의 러일 관계는 전망이 밝은 상태였다.

2013년 4월 29일 이루어진 아베의 러시아 방문은 그러한 부푼 기대에 어느 정도 부응하는 것이었다. 영토 교섭에 대해서는 '쌍방이 수용할 수 있는 해결책을 모색해 내기 위하여 교섭을 가속화'한다는 취지의 합의가 있었다. 러일관계에 관심을 가진 경제계의 수장들이 동행한 방문단의 구성도 주목을 끌었고, 투자·기술협력·석유가스 분야 등에서 구체적인 합의를 기대하게 할 다양한 체제가 발족했다. 안전보장 분야에서는 지금까지 일본이 미국, 호주와의 사이에서만 개최하여 온 외교·국방장관협의(2+2)를 러시아와도 개최하기로 결정했다.

그러나 그 후 러일 관계가 빠른 속도로 움직이기 시작한 것은 아니었다. 분야를 막론하고 지금까지보다 큰 모멘텀을 갖고 관계를 추진하려는 움직임이 일어난 것은 틀림없다. 그 정점은 2014년 2월 8일, 소치Sochi 올림픽 개최와 맞물려 성사된 러일정상회담이었다.

그러나 다시 우크라이나 위기가 큰 그림자가 되어 앞을 막아섰다. 2월 18일부터 20일까지 키예프Kiev 마이단Maidan에서의 소요사태 이후, 크림반도 합병(3월 18일), 우크라이나 내 친러시아 성향의 동부 여러 주와 친서방 성향의 갈리치아Galicia 외 서부 여러 주의 대립은 러일 대화의 흐름도 완전히 망가뜨렸다.

일본 정부는 결국 G7으로서 공동행동에는 참가했다. 하지만, 러일 관계의 중요성을 고려하여 제재의 시기는 늦게, 내용은 작게 하는 정책을 취했다. 잠시 동안 이 '양다리 외교'는 성공한 듯이 보였지만, 가을이 되어서는 러시아 측의 허용 범위를 넘어서게 되고 러일 관계의 움직임은 실질적으로 멈춰버리게 되었다.

일단 멈춘 양국 관계를 재가동시키는 것은 용이하지 않다. 필자는 러일 관계를 정말로 재가동시키기 위해서는 ① 우크라이나를 러시아의 대외 완충국으로서 인정하고 ② NATO 가입 등의 과도過度한 친서방정책을 저지하며 ③ 정치적 안정을 위해 여러 관계국이 서로 협력하고 ④ 경제제재 완화 등 일본이 솔선하여 주도권을 잡는 정책 변경이 필요하다고 생각한다. 그렇게 해야 현재 발생하고 있는 상황 즉, 유라시아 대륙을 중·러 추축樞軸과 미·유럽 포위망으로 분단시키는 상황은 적어도 피할 수 있을 것이라 생각한다. 그러나 이를 실현하기 위해서는 일본의 대미 외교가 충분한 신뢰에 기초해야 한다. 이러한 관점을 포함하여 과거 2년 간의 미일 관계를 분석하고자 한다.

미국(안전보장 문제 포함)

여기서 먼저 기술하고 싶은 것은 일본의 안전보장을 강화하는 체제 정비가 급속하게 추진되었다는 점이다. 그 배경에는 북한의 핵개발을 포함한 행동의 불안정성, 센카쿠 열도 영해에 대한 상습적 공선 침입을 포함한 중국 해군력의 급속한 확대 등이 있다. 안보 체제의 정비 과정에서 전후 평화주의에 익숙해진 일본의 일부 여론에서 강한 비판의 목소리가 있었다. 그러나 필자는 아베 내각이 취해 온 조치들은 오히려 지금까지 일본이 여러 가지 이유에서 소홀히 해온 것들을 급속히 만회해 온 과정이었다고 본다. 이러한 일본의 조치와 실태에 대해 인내심을 갖고 이웃 국가들을 비롯한 세계에 설명할 필요는 있으며, 그렇게 하면 반드시 그들에게 이해를 얻을 것이라고 생각한다. 아베 내각이 취한 조치로서 체제적인 측면으로는 2013년 12월 3일 국가안전보장회의国家安全保障会議 설립, 같은 해 12월 7일 '적극적 평화주의積極的平和主義'를 기초로 하는 국가안전보장전략国家安全保障戦略 책정, 2014년 1월 7일 국가안전보장국国家安全保障局 발족, 그리고 같은 해 12월 10일 특정 비밀의 보호에 관한 법률特定秘密の保護に関する法律의 시행을 들 수 있다. 방위 정책의 실질적인 면에서는 2014년도부터 실시된 '통합기동방위력統合機動防衛力'을 기반으로 하는 방위계획대강防衛計画大綱과 이에 근거한 중기방위계획中期防衛計画(2014~2018)이 채택되었다. 2015년의 방위예산은 개산요구概算要求액 5조 545억 엔으로 전년도보다 3.5% 증액, 2013년 GDP 478조 엔의 1.057%가 될 것으로 보도되고 있다(http://saigaijyouhou.com/blogentry－3658.html 2015년 1월 12일 검색).

그러나 가장 주목해야 할 것은 2014년 7월 1일 각의閣議에서 결정된 '허점이 없는 안전보장제의 정비에 대해서切れ目のない安全保障制の整備について'이다. 그 중핵은 헌법 9조의 집단적자위권集団的自衛權 행사에 대한 해석 변경이었다. 나는 2002년까지 외무성外務省에 재직하고 있을 때부터 일본이 공격당할 때는 미일 안전보장조약에 따라 미국에 방위 의무를 지우는 한편, 헌법의 해석에 따라 동일한 사태가 미국에서 일어났을 때는 미국을 도와 싸울 수 없다는 비대칭성에 대해 강한 위화감을 갖고 있었다. 이번 각의결정閣議決定은 이 비대칭성에 반기를 들고 대미對美 자립을 향한 중요한 첫 발을 디딘 것이라 평가할 수 있다.

반면 이번 각의결정에서는 일본이 도우러 갈 경우에 그 상대국에 대한 제3국의 공격이 일본 자신에 대한 공격과 동일한 위협을 불러일으키는 것이어야 한다는 단서가 붙었다. 이 단서는 공명당公明党을 비롯한 전후 일본의 평화주의에 기인하는 것으로 현 시점의 국민 여론을 정확히 반영한 것으로 생각된다. 아무튼 2015년 봄의 정기국회에서는 이 각의결정의 내용을 법안화하기 위한 국회 심의가 기다리고 있다.

이상의 안전보장상의 정책들은 전체적으로 미일동맹을 보다 기능적·효과적으로 운영하기 위한 것으로, 미국으로부터 높은 평가를 얻고 있다 해도 좋다. 대미관계에서 지금부터 당분간 아베 정권은 역사인식 문제에 관한 미국의 뿌리 깊은 의심에 대해 주의를 기울여야 한다. 야스쿠니 신사 참배, 위안부 문제에 있어서 '협의의 강제성'에 대한 고집, '전후 체제로부터의 탈피' 이러한 움직임은 미국을 비롯한 주변국에게 오해를 불러일으킬 수 있다. 정권의 목표와 그 의미를 명확히 하고, 미국을 비롯한 세계의 여론을 아군으로 만드는 것이 아베 정권의 긴요한 과제일 것이다.

전후 70주년을 맞이하여

2014년 11월 21일, 아베 정권은 중의원衆議院을 해산, 12월 14일 총선거를 실시했다. 결과적으로 자민당自民党과 공명당公明党으로 이루어진 여당은 선거 전과 같은 수인 326석을 획득함으로써, 아베 정권의 장기 집권 가능성이 높아졌다. 동시에 정국政局 전체의 의석을 보면 저변에 중도中道 리버럴의 힘이 좀 더 강해진 것으로 보인다. ① 여당 내에서는 자민당이 마이너스 4석, 공명당이 플러스 4석이 된 점, ② 보수내셔널리즘의 힘이 가장 강한 '차세대의 당次世代の党'이 17석을 잃고 2석이 된 점, ③ 제1야당인 민주당民主党은 여하튼 10석이 늘어난 점, ④ 유신의 당維新の党은 1석을 잃었을 뿐이지만 보수색이 강한 하시모토 도루橋下徹 대표가 중앙정계를 은퇴하고, 국제 감각을 갖춘 에다 겐지江田憲司가 대표가 된 점, ⑤ 공산당共産党이 13석을 늘린 점 등이 그 주된 요인이다. 결과적으로 보수 자민 295석에 대하여, 중도 리버럴을 중심으로 하는 정당 4당(민주 73, 유신의 당 41, 공명당 31, 일본공산당 21)이 유지되고 다른 당은 모두 2명 이하로 줄었다.

이러한 정치 상황이 아베 정권의 정책을 어디로 이끌 것인가, 특히 전후 70년을 기념하여 아베 정권이 어떠한 정책방향을 보여줄 것인가에 관심이 집중되고 있다. 전후 70년이라는 점을 감안하면, 아무래도 과거 역사와의 관계 속에서 자기규정을 하지 않으면 안 될 것이다. 그러나 중국 및 한국과의 관계에서는 일본은 가해자로서의 입장을 바꿀 수 없다. 따라서 일본이 보여줘야 할 가장 중요한 메시지는 '가해자로서의 입장을 잊지 않겠다'는 것이고, 구체적으로는 1995년의 무라야마 담화村山談話를 확실히 계승하는 것이 가장 중요하다고 생각한다. 이런 맥락에서 아베 정권이 미래 지향적이고 창조적인 정책을 제시해야 함은 당연하다.

2015년 1월 5일 열린 연초 기자회견에서 아베 총리는 역사 인식과 관련하여 '아베 내각은 무라야마 담화를 포함하여, 역사인식에 관한 역대 내각의 입장을 전체적으로 계승하고 있고, 또한 계승해 나갈 것'이라 발언했다. 결코 부정적인 표현은 아니라는 점에서 기대를 갖고 앞으로의 상황을 지켜보고 싶다.

마지막으로 번역을 담당하여 주신 조윤수 씨를 비롯해, 이 책의 한국어판의 출판에 힘을 다해 주신 모든 분들에게 감사드린다.

2015년 1월 12일
도고 가즈히코

2012년 가을 무렵부터 구미 학자들이 얼굴을 맞대면 항상 화제 삼으면서 끊임없이 논의하는 주제가 있다. 그 주제는 '과연 일본과 중국이 전쟁을 하게 될까?'라는 것이다. 커피를 마실 때나 인터넷상에서나 그 주제가 나오면 학자들의 긴장감이 높아진다.

일본 내 그러한 배경에는 중국의 대두에 따른 동아시아 정치의 지각변동이 있다. 경제부터 정치 분야까지 계속 이어온 중국의 대두가 지금은 군사력을 통한 힘의 과시를 눈앞에 두고 있다.

특히 동중국해에서 남중국해에 이르는 해역을 자국 해군의 제해권制海權 아래 두고자 하는 중국의 전략은 확실하게 실시되기 시작했다. 센카쿠 문제를 둘러싼 중일 간의 긴장이 바야흐로 그 상징이 되었다.

센카쿠 열도 주변을 둘러싼 긴장은 1990년대 초부터 여러 형태로 시작되었는데, 2012년 9월 11일 센카쿠 열도를 일본 정부가 구입한 뒤, 긴장의 수준이 단숨에 뛰어올랐다.

중국 해양감시선의 센카쿠 영해에 대한 자유로운 침입, 국가해양국 소속 항공기의 영공 침범, 사격관제용 레이더를 통한 해상자위대 헬기 및 해상자위함 조준 등등 군사적 긴장의 정도는 높아져만 갈 뿐이다.

만약 센카쿠 무력 충돌을 대부분의 국민이 바라지 않는다면, 센카쿠 열도 문제는 2012년 일본의 정치와 외교 분야에서 분명 실패했다고 말할 수 있다.

나는 2012년 2월에 논픽션 작가 호사카 마사야스保阪正康 씨와 함께 『일본의 영토문제』를 출판했다. 북방영토, 독도, 센카쿠 열도에 대해서 해설, 전망 등을 쓰고, 미래에 대해 호사카 씨와 의견을 주고받았다. 센카쿠 열도 문제는 출판시에 예상한 위험의 상정을 훨씬 넘어서, 전후 최대의 위기와 실패를 초래하기에 이르렀다.

또 다른 영토 문제도 상황이 좋지 못하다. 독도 문제는 예상했던 범위 내에서 가장 안 좋은 상황이 되어 버렸다. 북방영토 문제도 상황이 나쁘지만 사정이 다르다. 2012년 3월 대통령 선거에서 승리하고 재취임이 결정된 러시아의 푸틴 대통령 덕분에 지금 큰 기회의 창이 열리고 있지만 외무성은 특히 2012년 전반, 주목할 만한 준비를 하고 있지 않았다.

그런데 북방영토 문제가 센카쿠, 독도와 다른 것은 푸틴을 통해 열린 창이 아직 닫히지 않았다는 점이다. 결국 아베 정권이 일본의 명운을 쥐고 있는 셈이다.

센카쿠 열도에 관해서는 중국에 대한 불필요한 도발을 피하고, 은인자중하고 온갖 외교 노력을 다하면서 전속력으로 억지력을 가질 수 있는 실력을 길러야 한다. 어쨌든 더 이상 관계를 악화시키지 않는 상태로 견디어 나가, 거기서부터 조금씩 관계 정상화와 신뢰 강화의 발판을 다져나가야 한다.

독도 문제에 관해서는, 한일 간 대립의 가시를 뽑아낼 수 있는 방법은 반드시 있다. 따라서 한일 관계 전체를 수습하는 경향도 반드시 있다. 이러한 정책목표의 전제로서 당연히 대미 관계의 제휴와 신뢰를 강화하는 것은 불가결하다.

그리고 남은 외교력의 정수를 쏟아 북방영토 문제에 대처해야 한다. 아베내각 성립부터 1년이 지난 때에 북방영토 문제의 해결에 이른다면, 센카쿠열도, 독도 문제에 좋은 영향을 주어 일본의 외교적인 입장 전체는 1년 전에 비해 현격히 강해질 것이다.

최근 수년간 영토 문제에 관한 논의는 걸핏하면 한국·중국·러시아가 함께 일본을 공격하고, 이를 튕겨내기 위해서 미일동맹을 강화해야 한다는 단선적인 주장으로 치닫는 경향이 있었다.

나는 현재 일본을 둘러싼 영토 문제에는 이제부터 완전히 다른 역학이 작동할 가능성이 있다고 생각한다. 2012년을 돌아보며, 이것을 탐구해 가는 것이 이 책을 쓰게 된 최초의 동기이다. 동시에 2012년 일련의 외교 실패인 센카쿠와 독도 문제를 추적해 가면, 각각 중국과 한국과의 역사인식 문제라는 두꺼운 벽에 부딪쳤다. 내가 외무성을 퇴직한 2002년에는 고이즈미 총리의 야스쿠니 참배 문제로 중일 관계가 해마다 악화일로를 걷고 있었다. 이 문제를 계기로 일본의 역사인식 문제는 퇴직 후 내가 가장 관심을 갖고 공부해 왔다. 그 결과의 일부를 2008년 『역사와 외교－야스쿠니·아시아·도쿄재판』이라는 책으로 출판했다.

그러나 2012년에 일어난 일련의 사태는 내가 이 책에서 쓴 내용의 몇몇 부분을 진지하게 재고하게 했고, 새로운 결론을 이끌어내도록 압박하였다.

이러한 문제들이 지금부터 일본의 정치와 안전보장의 근간을 흔들어 버릴 문제로 부상하기 전에 나 자신에게 보이는 세계에 대하여 가능한 한 명확한 메시지를 추출해 보자는 생각에서 몇 가지 논고를 발표했다. 그것들을 정리해 두고 싶다는 생각이 이 책을 쓴 두 번째 동기이다.

첫 번째, '영토 문제'에서는 2012년에 차례차례 전개된 영토 문제에 대한 일본의 외교 실패와 문제점을 검토한 뒤, 이 문제들을 어떻게 대응해야 할 것인가를 논의하고, 중·장기 정책목표를 어떻게 세워야 할 것인지를 검토할 것이다. 여기에서는 센카쿠 문제, 독도 문제, 북방영토 문제를 차례로 다룬다.

두 번째, '역사인식 문제'에서는 센카쿠·독도 문제가 뒤틀어진 배경이 된 중국과 한국의 역사 문제를 다룬다. 다시 한 번 각각 문제의 심각성과 문제의 소재에 대해서 썼다. 여기서 다루는 문제라는 것은 중국과 한국의 경우가 다르다. 중국과의 관계에서는 센카쿠 열도 문제가 일거에 첨예화되었을 때, 힐끗 얼굴을 내민 야스쿠니 문제가 있고, 그 배후에는 어떻게 해도 피해 갈 수 없는 무라야마 담화 문제가 있다.

한국과의 관계를 보면, 독도 문제 자체는 어떻게든 공존의 지혜가 떠오를 것 같은 데 그에 비해 위안부 문제는 상당한 어려움을 안고 있다. 게다가 이 것은 한일관계 뿐만 아니라 미일관계의 근저를 타격할 가능성이 있다.

또 하나, 센카쿠 열도가 중일 간 최대 대립요인으로 되고 있는 가운데, 이 문제에 대한 중국의 대처가 실제로는 '센카쿠 열도의 대만화'이고, 이는 바로 '일본의 대만화'가 아닌가 하는, 지금까지 소수의 일본인밖에 생각지 못한 두려운 문제를 급부상시켰다. 대만 문제는 일본의 안전보장과 역사인식 문제를 생각할 때 피해 갈 수 없다.

세부적으로는 중국과의 관계에서 야스쿠니와 무라야마 담화■ 문제를, 한국과의 관계에서 고노 담화와 위안부 문제를, 대만과의 관계에서는 대부분의 일본인이 제대로 보지 못하는 역사 인식 문제를 다룬다.

마지막으로 '새로운 일본의 국가 비전'에 관하여 적고 있다. 이는 일견 영토 문제, 역사 문제와 관계가 없는 듯이 생각될지 모른다. 그러나 영토 문제의 해결과 역사 문제를 넘어, 동아시아와 세계 속에서 일본이 최종적으로 존경과 리더십을 얻는 나라가 될지 어떨지는, 일본이라는 나라에 어떠한 매력과 존경할 만한 점이 있는지가 결정한다고 나는 확신한다.

현재의 일본인에게 최종적으로 요구되는 것은 중국인, 한국인, 러시아인, 미국인, 그 외 여러 나라의 사람들로 하여금 일본을 볼 때 '역시 일본은 대단해. 일본은 이러한 새로운 세계를 만들려 하고, 동시에 그것을 세계에 알리고 있어. 이러한 일본을 우리도 존경하고 그들의 말을 경청해야 해'라고 생각하게 만들 만큼의 국가비전을 창조하고 현실에서 그것을 실현하는 것이라고 생각한다.

그래서 앞으로 일본 국가비전의 형성에 대하여 특히 최근 수년간 일어난 일을 분석하고, 새로운 일본의 비전에 관하여 지금 생각하고 있는 바를 서술하고자 한다. 이것이 이 책을 쓴 세 번째 동기이기도 하다.

2012년 12월 14일부터 15일까지 일본의 총선거가 종반전을 맞이하고 있을 무렵, 나는 중국 저장성浙江省의 성도인 항저우杭州에 있는 저장대학浙江大學에 있었다. 이 대학 주최 국제 세미나 '동북아시아에 있어서의 평화 구

■ 1995년 당시 일본 무라야마 총리가 일본이 태평양 전쟁 당시의 식민지배에 대해 공식적으로 사죄하는 뜻을 표명한 담화.

축 : 문화력과 물질력의 상극'에 참석하기 위해서였다. 저장성은 내가 현재 대외관계보좌관으로서 이따금씩 도와주고 있는 시즈오카 현静岡県과 30년 동안 자매결연을 맺어왔고, 나로서는 두 번째 항저우 방문이었다. 저장대학 세미나에 초대해 준 것은 여기서 국제정치를 가르치는 뤼안윈싱阮雲星이라는 교수였다. 뤼안윈싱 교수는 지금부터 약 20년 전 교토대학京都大学에 유학, 그곳에서 일본 정치학의 태두인 기무라 마사아키木村雅昭 교수의 지도를 받았다. 기무라 교수는 교토대학을 퇴직한 후 교토산업대학으로 옮겨 세계문제연구소 소장직으로 있었는데, 2010년 내가 그 후임으로 일을 하게 되었다. 다음 해인 2011년 봄, 그러한 인연이 있어 뤼안 교수라는 지기知己를 만나 초대를 받게 된 것이다. 세미나의 논의들은 꽤나 긴박한 것이었다. 그 논의들의 일부는 '역사 인식 문제'에서 소개하고자 한다. 15일 밤, 모든 행사가 끝난 뒤 뤼안 교수는 대학 구내에 있는 영빈용 호텔로 나를 찾아와, 교내를 구석구석 자세히 안내해 주었다.

항저우는 아름다운 도시다. 역사학상 중국 문명의 전환점이 된 송대宋代, 남송南宋의 수도(당시는 린안臨安이라 불렸다)였고, 지금은 세계유산으로 세계에 알려진 시후西湖의 바로 근처에 있어, 시후로 들어가는 강이 거리 여기저기에 아름다운 경관을 만들어내고 있다. 저장대학은 그러한 항저우 물의 아름다움을 한껏 활용한 '물水의 대학'으로서의 캠퍼스를 가꾸는 데 전심전력하고 있었다. "도고 선생님, 10년 후에 와 주십시오. 분명 아름다운 대학이 되어 있을 테니까요"라며 뤼안 교수는 나를 안내하였고, 우리는 같이 밤의 교정을 걸었다.

꽤 현대적인 건축학부의 건물과 반듯한 고전적인 건물인 사회학부 사이에 인공호가 펼쳐지고 학생 기숙사로 향하는 운하가 통하고 있었다. 그 물의 흐름을 따라 아직 가느다란 묘목 상태인 버들이 심어져 있었다. 곧 세월이 지나, 이 버들이 크게 자라고, 따뜻한 봄이 와 녹음이 싹을 틔우며, 희망을 가슴에 품고 대학에 입학한 신입생이 연인과 이 운하를 따라 산책하는 광경이 눈에 떠오르는 듯했다. 캠퍼스가 넓어 점점 다리가 아파와져 숙사 건물로 향하였다. 숙박 호텔의 입구가 보이기 시작한 곳에서 뤼안 교수가 겸연쩍어하며 말했다.

"도고 선생님, 제 주거동이 조금 떨어진 곳에 있습니다. 사실은 오늘은 거기로 안내해 드리고 싶었는데, 다른 대학에서 가르치고 있는 아내와 서로 떨어져 부임해서 방 정리정돈이 안 되어 초대할 수 없었습니다. 그 대신이라고 말하기 뭐합니다만, 가끔 학생들과 가는 분위기 좋은 커피숍이 있습니다. 괜찮으시다면, 거기로 모시고 싶습니다만……."

나는 쾌히 승낙했다. 10층 이상의 빌딩이 늘어서 있는 주거동의 한 귀퉁이 작은 상점가 안쪽에 '북쪽 마을에서'라는 커피점이 있었다. 근처에서 가장 분위기 좋은 가게라고 하는 만큼, 입구에는 꽤 멋진 전등이 켜져 있고, 벽에는 뉴욕 마천루 풍의 그림이 그려져 있었다. 걸어서 피곤했던 나는 크림이 가득 들어간 커피 플로트를, 그는 카페 라페를 주문해서 서로 묻지도 않은 여러 가지 이야기를 했다. 젊은 혈기 하나로 일본을 방문한 뒤, 기무라 교수에게서 학문적인 면에서나 그 뒤 인생 설계의 면에서나 말로 다 할 수 없는 은혜를 입은 일, 그 후 거기서 알게 된, 지금은 각각 자국의 교수직에 있는 일본, 한국, 대만 등의 유학생들과 지금도 연락을 유지하고 소중한 우정을 쌓고 있다는 사실, 중국의 학생들은 지금 나라의 재부흥기에 있어 다양한 문제를 안고는 있지만 모두 대체로 건강하고 미래를 향한 희망을 품고 살아가려고 하고 있다는 것, 혼자 생활은 힘들긴 하나 머지않아 아내의 교직 기한이 끝나므로 그렇게 되면 항저우에 와서 여기서 같이 살 것을 생각하고 있다는 등. 이야기를 하고 있는 사이 문득 '이건 뭘까?' 하는 생각이 들었다. 우리들은 개전 전야의 이야기 따위는 하고 있지 않았다. 일본이나 중국이나 사람들은 각각의 생활과 거기서 생겨나는 애환과 희망을 가지고 열심히 살고 있었다. 게다가 내가 그곳에 있는 것은 전후 일본인들이 부지런히 쌓아올린 동아시아 인맥 덕분이고, 그것이 한없이 귀중하게 여겨졌다. 이런 나라 사람들과 머지않아 정말로 일본이 전쟁을 하는 것일까? 뭔가 터무니없이 큰 과오를 일본과 중국이 저지르려고 하고 있는 듯한 마음을 억누를 수 없었다.

마지막으로 일부 국제관계론 학자가 논하듯이 힘의 상극으로 일본과 중국이 불가피하게 무력 충돌에 이를 것이라는 점을 증명하기 위해 이 책을 쓴 것이 아니다. 일본과 중국이 자국의 국익을 지키고, 더 나아가 힘의 충돌이 아닌 대화를 통한 문제 해결이 가능하다는 확신에 기초하여 쓴 것이다. 그 확신은 외교의 끝에 전쟁이 있고 전쟁 뒤에 외교가 온다는, 인류가 시작된 이래 증명되어 온 역사 법칙 위에 서 있다. 동시에 그것은 사태가 긴박해졌을 때 책임 있는 자리에 있는 사람들이 눈앞에 펼쳐지는 선택지 중에서 가장 적절한 것을 선택하는 '자유'가 있고, 그중에 전쟁 회피라는 선택이 있다고 하는 확신에 근거하여 썼다. 그러나 '자유'의 대가는 '책임'이다. 나는 지금 우리 나라의 지도자들이 자기들에게 열린 '자유'와 거기에 동반되는 '책임'을 자각하고 일본과 동아시아에 최선의 선택을 할 것을 염원해 마지 않는다. 이를 위해 얼마간 참고가 되었으면 하는 마음에서 이 책을 썼다. 이것이 이 책을 쓴 마지막, 그러나 가장 중요한 동기이다.

영토문제

2012년 외교 실패

센카쿠 열도 문제
새로운 전쟁과 평화의 문제

사태를 움직인 4개의 '경위'

2012년 일본 외교에서 최대 실패는 두말할 것도 없이 센카쿠 열도 문제이다. 어떤 점에서 실패였을까? 본 주제에 들어가기 전에 센카쿠 열도 문제에 대하여 지금까지의 경위를 아주 간단히 서술해 두고자 한다. 요점을 다음 4가지로 정리할 수 있다.

첫째, 역사적 경위의 문제다

1895년 일본 정부는 센카쿠 열도를 자국의 영토로 편입했다. 그러나 중국 문헌에는 센카쿠 열도가 그 이전부터 등장하기 때문에, 중국 정부는 이를 근거로 센카쿠 열도는 중국의 영토라고 주장한다. 그러나 일본 정부는 어느 기록을 보아도 중국의 센카쿠 열도 영유를 뒷받침할 유효한 관할권의 행사에는 이르지 않았다고 주장하고 있다.

둘째, 국제법상의 충돌係爭의 문제다

중국과 대만이 센카쿠 열도를 영토 문제로 명확히 제기한 것은 1971년이다. 그해는 중일 국교회복이 이루어지기 한 해 전이었는데, 이때부터 센카쿠 문제가 국제법상의 영토 문제가 되었다. 1895년 일본이 센카쿠 열도를 영유한 뒤 1971년까지 큰 변화는 없었다. 이 섬들은 태평양 전쟁에서 승리한 미국에 점령당했고, 그 뒤 미일 간에 체결된 샌프란시스코 평화조약의 제3조에 근거하여 센카쿠 열도는 난세이 제도南西諸島의 일부로서 미국의 정책 시정권施政權▪에 놓이게 되었다. 그리고 1971년 6월 서명된 류큐 제도琉球諸島 및 다이토 제도大東諸島에 관한 미일 간의 협정을 통해, 일본에 오키나와 정책 시정권이 반환되고, 반환된 지역 속에 센카쿠가 포함되어 있었다.

그동안 아무 일도 없었던 것은 아니었다. 예를 들어 대만의 오키나와 및 센카쿠의 영유권 주장은 일본 패전 때부터 시작되었다. 하지만 특히 센카쿠에 한정된 영유권 주장은 유엔이 1968년 센카쿠 열도 주변에 지하자원이 풍부할 가능성이 있다고 발표한 것이 계기가 되어 1971년부터 시작되었다.

셋째, 그 이후 협상 경위에 관한 문제다

이처럼 중국 측이 제기한 영토 문제였지만, 1972년 중일 국교회복 이후 사실상 영유권에 대한 판단 보류상태가 이어졌다. 당시 저우언라이周恩來 중국 총리는 일본의 다나카 가쿠에이田中角榮 총리에게 센카쿠 열도 문제에 대해서 '이번에는 이야기하고 싶지 않다'고 말했다. 이후 1978년 중일평화우

▪ 역자주 : 입법·사법·행정 3권을 행사하는 권한.

호조약을 위한 최종 협상 때 덩샤오핑鄧小平 부총리 역시 소노다 스나오園田直 일본 외무장관에게 '이러한 문제는 지금은 결론지을 때가 아니다. 다음 세대, 또 그다음 세대가 방법을 찾을 것이다'라고 하여, 중일 우호를 우선시하는 태도를 보였다. 이 두 발언에 대해 다나카 총리와 소노다 외무장관도 거부하는 발언은 하지 않았다. 따라서 당장 이 문제에 대해 거론하지 않는다는 암묵적인 양해가 양국 간에 있었다는 것을 부인하기 어려워 보인다.

국제법상으로 보면 일본이 압도적으로 우위에 있었기 때문에 왜 일본이 그때 바로 반론하지 않았나 하는 비판도 있다. 그러한 주장은 분명 타당하다. 그러나 당시 일본 정부는 그렇게 판단하지 않았다. 일본 정부는 중국과의 국교 회복이라는 전후 일본 외교의 최대사업을 실현하는 동시에 덩샤오핑의 '개혁 개방'을 지원함으로써 중국을 동아시아의 안정 세력으로 국제사회에 참여시키는 중대한 사업을 추진하고자 했기 때문이었다.

마지막으로, 냉전 종식 후 센카쿠 열도 협상의 변화다

중일 국교회복으로부터 약 20년 후 세계 정세는 격변한다. 최대 전환점은 1989년 동서냉전의 종식이었다. 이와 함께 중국의 대두라는 거대한 그림자가 서서히 떠올랐다. 경제를 비롯하여 정치, 군사 면에서도 중국은 조금씩이지만, 영향력을 나타내기 시작했다. 중국은 1992년 '영해법'을 통하여 센카쿠 열도를 자국의 영토로 하는 국내법을 제정하였는데 이를 정책변경의 시작으로 볼 수 있다. ▪

▪ 1992년 2월 25일 폐막된 전국인민대표대회에서 센카쿠 열도는 중국령이라고 규정된 중국 영해법이 채택되고 같은 날 공포되었다. 일본 정부는 26일 베이징(斎藤正樹 공사), 27일 도쿄

그렇지만 중국에게 냉전의 종식은 천안문 사태라는 뜻밖의 사건과 함께 찾아왔다. 초강대국인 미국에 대해서는 덩샤오핑의 '24자 방침■' 속의 '도광양회韜光養晦'(자신의 재능이나 명성을 드러내지 않고 참고 기다린다)라는 정책을 펴고 있던 시대였다. 사태는 아직 첨예화 되지 않았지만 결정적인 전환점이 된 것이 2008년이었다. 실효 지배를 위한 중국의 행동이 본격화된 것이다.

2008년 12월 8일, 중국의 해양조사선이 센카쿠 열도 인근 영해에 들어와 해상보안청 순시선의 퇴거 요구를 무시하고 아홉 시간 반에 걸쳐 항해를 계속했다. 그뿐 아니라 그 뒤 행해진 중국 정부의 기자 회견은 놀랄 만한 것이었다. 특히 중국 국가해양국의 공식 회견에서 대변인은 센카쿠 열도가 중국 것이라는 인식 하에 '중국도 관할권 내에서 존재감을 드러내고 유효한 관할을 실현하지 않으면 안 된다'고 말했다(『교도통신』 2012년 12월 10일).

여기에는 이미 덩샤오핑이 말했던 '후세의 지혜를 기다린다'는 생각은 전혀 보이지 않는다. 그뿐 아니라 실효 지배를 실력을 통해 바꾼다는 놀라운 정책을 공식적으로 천명한 것이다. 이후 2010년 9월 중국 어선이 해상보안

(小和田恒 차관)에서 '센카쿠 열도는 일본의 고유 영토. 현재 유효하게 지배. 이번의 조치는 유감이고, 강하게 정책 수행을 요구한다'는 취지로 항의했다. 1996년 4월 9일, 10일에 도쿄에서 개최된 어업 협의에서 센카쿠 영유를 주장하는 중국 측에 대해 '중일 간 해결해야 할 영토 문제는 존재하지 않는다'고 응답했다(1996년 4월 22일, 일본국내보도).

■ 역자주 : 1992년 10월 덩샤오핑이 위기를 어떻게 대처해 나갈지에 대한 외교 가이드라인을 발표했다. 내용은 '상황을 냉정하게 관찰하고(冷靜觀察), 우리의 입장을 확고하게 견지하며(穩住陣脚) 침착하게 대응하여야 한다(沈着應付). 또한 우리의 힘을 아껴 기르고(韜光養晦) 최선을 다해 지켜내야 하며(善於守拙) 나서서 뽐내지 마라(決不當頭)'는 것이다. 모두 24글자여서 '24자 방침'으로 불렸다.

청 선박을 들이받은 사건이 일어났다. 일본이 중국 어선의 선장을 장기 구속하기로 결정했을 때 중국 측이 보인 격한 반발은 센카쿠 영유에 대한 중국의 강한 의지를 세계에 알리는 계기가 되었다. '옷 아래에 갑옷이 보였다' 정도가 아니다. 중국이 얼마나 두꺼운 갑옷을 입고 일본과 맞서고 있었는지가 명백하게 밝혀졌다. 2012년 일어난 모든 사태는 4개의 경위를 배경으로 진행되었다.

센카쿠 열도 구입이 초래한 사태

그럼 2012년에 일본은 왜 전후 최대의 외교 실패를 맞보게 되었을까? '프롤로그'에서도 서술했듯이 중국의 해양감시선이 수시로 센카쿠 열도 영해로 들어오고 있다. 일본 정부가 센카쿠 섬들을 구입한 2주 후인 2012년 9월 25일 중국 정부는 '댜오위다오釣魚島는 중국 고유의 영토이다'는 제목의 '백서'를 발표하였다. 마지막 부분에는 이런 내용이 나온다.

> 중국은 줄곧 댜오위다오釣魚島 해역에서 권한을 갖고, 관할권을 행사하고 있다. 중국 해양감시선은 댜오위다오 해역에서 순시와 법 집행을 견지하고, 어업감시선은 댜오위다오 해역에서 상시 순시하면서 어업을 보호하며, 그 해역에서의 정상적인 어업 질서를 지키고 있다(재일중국대사관 홈페이지).

이 정책에 따라, 일본 정부가 센카쿠 구입을 결정한 9월 11일부터 중국의 해양감시선이 센카쿠 영해에 들어오는 횟수는 점차 늘어나, 2013년 2월 초

기준으로 25회를 기록하였다. 또 센카쿠 영공에 국가해양국 소속 항공기의 침입(2012년 12월 13일), 해상자위대 소속 헬기(2013년 1월 19일) 및 자위함에 사격관제용 레이더 조준(2013년 1월 30일) 등으로 긴장이 격화되고 있다.

이처럼 긴장을 높여가는 것이 중국에 이익이 될 것인가는 별도로 하고, 중국 측에서 보면 2008년 선언한 '실효 지배에 대한 구멍은 실적을 통해 열어간다'는 공식적 정책은 완전히 실현된 셈이다. 이것이야말로 승리가 아닐까? 일본 측에서 보면 가령 중국에 이견이 있다고 해도 적어도 센카쿠 영유를 시작하고 117년간 평온하게 실효 지배를 하고 있는 상황에서 조직적·계속적·항시적으로 외국 공선이 '자국의 영유를 과시하기 위해' 들어오는 사태가 일어난 것이다. 이것이 일본에게는 실패가 아니고 무엇일까?

내가 관여해 온 북방영토 협상에서 일본이 러시아에 대해 실력을 행사해 정부의 공선公船을 4도 영해 안에 들여보내는 것은 한 번도 생각해 보지 못했다. 그것은 현재 일본국 헌법하에서 외교를 수행해야 하는 숙명이 있던 우리 세대의 특징이기도 하다. 또한 그런 행위는 유엔 헌장에 따라 어떠한 무력 행사 또는 그 위협도 금지되어 있는 제2차 세계대전 이후의 국제 질서에서는 허용될 수 없는 행위로 생각해 왔다. 법률 전문가 사이에서는 어업감시선의 영해 침입이 유엔 헌장의 '무력 행사에 해당하는가 아닌가'에 관한 전문적인 논의가 있을 것이다. 하지만 공적인 배가 무해통항無害通航 ■ 이외의 목적으로 영해에 들어오는 것이 헌장상 전혀 문제가 없는 조치라고 하는 것은 이해하기 어렵다. 유엔 헌장의 무력 행사의 예외 조치인 자위권 행사를 통

■ 역자주 : 외국의 배가 어떤 나라의 평화·질서·안전을 해치지 아니하고 그 나라의 영해를 통과하거나 항구에 출입하기 위해 그 영해를 자유로이 항해하는 일.

해서도, 안전보장이사회가 결정한 집단안전보장에 의해서도, 센카쿠 열도 영유를 실력으로 정당화하는 것은 허용되지 않는다는 것은 분명하다고 생각한다.

최근 중국의 행동은 중일평화우호조약에서 중국이 주장하고 규정한 '패권주의'에 지나지 않는다고 확실히 말할 수 있다.

두 번째로 이러한 행동을 정당화하고 중국 국민을 끌어들이기 위해 중국 정부는 하나의 '화제'를 만들어 그것을 중국 국민과 세계 여론에 호소하는 데 성공했다. 그 '화제'란 '센카쿠 열도는 19세기, 청 왕조가 약해진 틈을 타, 일본 제국이 침략하여 절취한 영토'라는 것이다. 일본이 염두에 두어야 하는 것은 이러한 중국의 주장이 일정한 역사적 사실과 들어맞는다는 점이다. 민족주의가 대두한 중국 민중에게 이 영토 문제의 '역사 문제화'는 큰 폭발력을 가진다. 이렇게 되면, 국제법상 이론의 정당성 따위는 의미를 잃고 만다.

센카쿠 문제에 대하여 일본이 신경 써야 하는 지뢰밭이 있다는 것을 경고해야겠다고 생각하여 나는 『일본의 영토 문제日本の領土問題』를 썼다. 그러나 유감스럽게도 지금도 일본은 지뢰를 밟고 있다.

세 번째로 중국 측은 또 하나의 이야기를 만들어 정착을 위해 굉장한 힘을 쏟고 있는 것 같다. '최초에 손을 댄 것은 일본이다. 일본 정부는 센카쿠에 대한 실효 지배를 강화하고 중국의 입장을 약화시키기 위해 센카쿠를 국유화했다. 그것은 이시하라 신타로 전 도쿄도지사와 노다 요시히코野田佳彦 전 총리를 통해 나타나고 있다'는 것이다. 이시하라·노다 음모설이라고 말할 수 있을 것이다. 지금 중국의 공식 반응은 항상 이 부분에 이른다. 최근의 상황을 보면 이것이 사실과는 전혀 다르다는 것을 조금이라도 일본을 아는 사람이라면 모두 알 것이다. 이시하라 지사가 '도쿄 도東京都가 사겠다'고 말했을 때 노다 총리가 '아니, 국가가 사겠다'고 한 것은 도쿄 도에서 사면 문제가 일어나기 쉬우니 국가가 소유하는 것이 사태를 수습하는 데 최선이라고 생각했기 때문이다. 나도 국가가 사는 것이 가장 좋다고 주장해 왔는데, 이것이 노다 총리의 진짜 의도였을 것이다. 중국 정부가 진실을 알고 있으면서도 음모설을 집요하게 반복하고 있는 것인지 아니면 정말로 음모설을 믿고 있는 것인지 판단할 근거는 없다.

이시하라 지사가 '도쿄 도가 사겠다'고 말한 것은 2012년 4월이다. 3개월 후인 7월에 노다 총리는 '국가가 국유화하겠다'고 말했고, 9월 초 국유화를 결정했다. 7월에 노다 총리가 국유화의 가능성을 시사하기 시작했는데도 왜 약 2개월간 중국 측은 비교적 유화적인 반응을 보였을까.

지지통신時事通信 베이징 특파원인 시로야마 히데미城山英巳에 의하면 중국의 대일정책에서 책임자 한 사람이 8월 중순 다음과 같이 말했다고 한다.

일본은, 센카쿠에 들어가지 않는다. 건조물을 만든다든지 개발을 하지 않는다. 조사를 하지 않는다. 이 '3개의 NO'를 지켜주기 바란다. 이 약속을 일본이 계속 지켜준다면, 일본이 국유화라는 조치를 취해도 중국 외교부는 반대 성명을 내긴 하겠지만, 거기에 그칠 것이다. 그러나 이 중 하나라도 깨진다면 강경한 수단을 취하겠다.

9월 8일에 상하이의 신문 기자와의 인터뷰에서 나는 '노다 총리가 센카쿠 열도를 사겠다는 것은 특별히 실효 지배를 강화하기 위해서가 아니라 토지 소유권 문제가 굉장히 복잡한 일본에서 정부가 소유하는 편이 일을 조용하게 처리할 수 있기 때문에 좋다'고 설명했다.

그러나 사태는 반대 방향으로 급선회하였다. 9월 9일에 개최된 아시아태평양경제협력APEC 정상회의에서 중국의 후진타오胡錦濤 국가주석은 노다 총리에게 '이것(센카쿠의 국유화)을 행한다면 큰일이 생긴다'고 말하고, 국유화를 받아들일 수 없다고 명확히 말했다. 그러나 일본 정부는 내정된 절차에 따라 9월 10일 관계각료회의, 11일의 각의閣議에서 센카쿠 구입을 결정했다. 그 결과 거듭되는 중국의 센카쿠 영해 침범과 일본의 센카쿠 절취가 공식화 되었다.

그런데 13일 8시 5분의 『인민망人民網』(인민일보의 전자판) 일본어판에 취싱曲星 중국 국제문제연구소 소장의 말이 실렸다.

일본 정부가 '댜오위다오'를 통제하는 것은 이시하라 등 과격파의 도발 여지가 좁아져, 그들이 배제됨을 의미한다. '댜오위다오'의 이른바 "국유화"를 통해 일본은 법률 차원에서 한 발짝 내디뎠다. 중국 측도 법률 차원에서 상응하는 대응을 취했다. 만약 일본 측이 여기서 멈추고, 보도된 대로 "어떠한 사람의 상륙도 불허한다. 어떠한 건축물의 건설도 불허한다. 현상을 유지한다"고 한다면, 국교 회복 당시에 쌍방이 약속한, 함께 판단 보류한다는 상황으로 돌아간 것과 거의 같다.

취싱의 이 발언은 매우 흥미롭다. 일본어판 웹사이트에 실리는 것이니 확신을 가진 발언으로 받아들이는 것은 당연하다. 이것은 곧, 중국 지도부에서는 일본 정부가 구입한 9월 13일까지는 '3개의 NO' 엄수에 따른 사태의 진정화 설이 영향력이 있었다고 볼 수 있다.

자오훙웨이趙宏偉 호세이대학法政大学 교수에 따르면 2012년 9월 14일 베이징 댜오위타이釣魚臺 국빈관國賓館에서 회의가 열려, 거기서 방침이 바뀌어 일본에 대해 장기적 대결 자세를 취하는 것으로 결정되었다고 한다(2013년 2월 15일). 중국 측의 '정쟁설'이라고도 할 수 있을 것이다. 이러한 사태에 이르기까지 어떠한 경위가 있었다고 해도 결국 일본은 절대로 인정할 수 없는 정책을 시행할 구실을 중국에 줘 버린 이상, 외교 실패라는 결과는 부정할 수 없다.

네 번째, 센카쿠 구입은 중국 국내에 강한 반일 데모에 불을 지폈다. 9월부터 일본계 기업, 공장, 백화점, 슈퍼마켓, 편의점, 음식점 등이 차례로 공격받아 일본계 기업의 피해액은 수십억에서 100억 엔에 이르고, 무역·관광을 포함한 중일 경제상황 전체에 심각한 피해를 주기 시작했다. 경제적 피해는 중국 측에도 있었지만, 일본 측이 훨씬 컸던 것은 분명하다. 그러므로 일본의 패배라고 말할 수 있다.

전후 최대의 외교 실패

그렇다면 이런 외교 패배가 일어난 원인은 무엇일까? 일본 정부는 중국 내 온건파와 무력투쟁파의 '정쟁설'에 대해서 어느 정도 감지했고, 온건파의 신호를 어느 정도 신용하고 있었던 것일까? 언론 보도와 내부 정보들 몇 개를 종합하면, 9월 9일 후진타오 발언이 있었을 때, ① 각료 차원에서 '이것은 그만두는 것이 좋겠다. 적어도 이대로 각의 결정을 해서는 안 된다'(야마구치 쓰요시山口壯 외무부대신)는 견해와, '이미 정해진 것이고, 예정대로 실시해도 지장 없다'(겐바 고이치로玄葉光一郎 외무대신)는 견해가 격렬히 대립했다(『문예춘추文藝春秋』 2012년 11월호, 97쪽), ② 외무성 실무진에서도 의견 대립이 있었지만, 결국 각의 결정을 멈추지 않는 방향으로 기울었다, ③ 최종적으로는 노다 총리의 판단으로 각의 결정이 이루어진 것 같다.

외무성 실무진의 판단은 사사에 겐이치로佐々江賢一郎 차관(당시, 현 주미대사)의 발언으로 알 수 있다. 그는 언론과의 인터뷰에서 당시 중국과의 협상에 대한 질문에 '중국 정부와도 의사소통을 하고 있었지만, 이해를 보이지 않았다'고 하는 이례적인 견해표명을 했다(『아사히신문』 2012년 10월 31일). 이는 아주 고심한 훌륭한 발언이라고 생각한다. 사사에 차관은 외무성 안에서도 강직한 사람으로 알려져 있고, 나도 함께 일한 적이 있다.

센카쿠 열도에 대한 일본의 국내 조치에 대해서 중국 측과 대화하는 것은 간단한 일이 아니다. 완전히 일본의 영토라는 전제에 서면, 일본 국내 조치에 대해서는 말할 것이 아무 것도 없게 된다. 그러나 어떠한 사전 협상도 없이 결정하는 것은 국정과 외교 전체에 미치는 영향이 너무나도 커서 어려운 일이다. '의사소통'이라는 말 속에 당시 사사에 차관의 고뇌가 엿보인다.

하지만 이 인터뷰를 통해 앞으로의 사태에 대응할 때에 절대로 간과할 수 없는 중요한 교훈, 즉 '사전협상', '의사소통', '대화', '협상' 또는 어떠한 이름으로 칭하든 간에 상대 측과의 접촉이 중요하다는 것은 명백하다. 지금 센카쿠 문제에 대해 취할 만한 정책은 두 개라고 할 수 있다. '억지Deterrence, 抑止'와 '대화Dialogue'이다. 이것은 국제정치 교과서에서 국가 간 긴장이 높아졌을 때 취할 두 가지 정책으로 항상 등장하는 것이기도 하다.

'억지'라는 것은 상대방이 힘을 가지고 압력을 가해 올 때 이쪽도 상응하는 힘으로 되돌려 줄 수 있게 준비함을 의미한다. 일본에 그러한 준비가 없으면 센카쿠 문제는 해결할 수 없다. 아베 내각이 구성된 이래, 추경 예산에서 해상보안청·자위대의 장비와 인원 강화, 1%의 틀을 초과하는 방위비 증강, 방위계획대강의 개정, 집단적 자위권 행사를 가능하게 하는 헌법 해석의 변경, 또 헌법 제9조의 개정 등 일련의 조치를 제시하고 있는 것은 안전하고 적확한 정책방향이라고 생각한다.

감히 말한다면, 이 정책들은 모든 점에서 때늦은 정책이고 적어도 냉전이 종식되고 헤이세이平成 시대■가 되고 나서 일본이 하나하나 해 두었어야 하는 정책일 뿐이라고 말해도 좋을 것이다. 헌법 제9조를 가짐으로 인해 일본은 전쟁에 말려들지 않는다는 견해를 굳이 '좌左로부터의 평화망상平和ボケ'이라고 한다면, 이로부터 일본이 벗어나야 할 시기는 이미 지났다고 생각한다. 쇼와昭和 시대■■, 냉전 시대에 일본의 최대 위협은 소련에서 비롯되었다. 소련은 냉전의 한 축의 강자이고, 그 상대국은 미국이었다. 소련의 위협은 일본에게 직접적이라고 보기는 힘들다. 냉전이 종식되고 헤이세이 시대에 들어 극동에서의 위협으로 등장한 것은 북한이다. 그러나 북한의 폭주는 주변국을 모두 등을 돌리게 해 일본만을 대상으로 한 위협으로 생각하기에는 초점이 어긋나는 부분이 있다. 그러나 중국은 북한과는 완전히 다르다. 지금 사태가 어디까지 갈 것인지 누구도 예측하기 힘들다. 21세기는 '미·중'의 시대가 될지도 모르고, 미국을 능가하는 중국의 일극 제국주의가 나타날지도 모르고, 아니면 중국이 내부 모순의 폭발로 인해 '군웅할거群雄割據'의 시대로 돌아갈지도 모른다. 이 거대하고 불안정한 나라가 일본에 정

■　역자주 : 아키히토(明仁) 천황의 새 연호로 1989년 1월 8일부터 사용되었다.
■■　역자주 : 히로히토 쇼와(裕仁昭和) 천황의 재위 기간(1926년 12월 25일~1989년 1월 7일).

44

면으로 맞서고 있는 것이다. 2012년은 67년 동안 이어진 '좌로부터의 평화 망상'이라는 시대가 완전히 끝나고 어쩌면 군사력과 외교를 통한 억지와 대화의 새로운 시대가 왔다고 할 수 있을 것이다.

한편, 동시에 추구해야 할 것은 '대화'와 외교다. '군사력의 축적은 전쟁을 피하기 위해서다'라는 메시지를 어떻게든 중국에 이해시켜야 한다. 이를 위해 반드시 해야 할 것이 '대화'다. 바꾸어 말하면 억지와 대화는 자동차의 두 바퀴로 국가 정책은 어느 쪽 하나라도 없으면 굴러가지 않는다. 지금 중일 간에는 상호 불신이 도사리고 있고, 그 불신 위에서 실력 준비만이 커지고 있다. 역사는 반복된다. 과거 그리스의 펠로폰네소스 전쟁부터 사라예보의 총성으로 시작된 제1차 세계대전, 그리고 지금 일어나고 있는 중일 간의 긴장 등은 모두 상호 의심이 의심을 낳아 긴장의 격화로 이어진 것으로 그러한 예는 너무도 많다. 의심이 의심을 낳는 이러한 사태를 진정시키기 위해서는 대화를 통해 상대의 의도와 행동을 확인하는 것 외에 방책이 없다. ▪

▪ '대화'의 중요성에 관해 국제관계론 교과서의 서두에 꼭 나오는 흥미로운 우화가 있다. 이른바 '수인의 딜레마'다.

두 명의 범인을 붙잡았다. 혐의는 마약 딜러였다. 경찰은 따로따로 취조를 하며 이렇게 얘기했다. '만약 당신이 확실하게 진실을 얘기하고, 그가 딜러라는 사실을 알려준다면 당신을 석방하겠습니다. 그 경우 상대방은 25년 형을 받게 될 겁니다. 하지만 둘 다 상대방이 딜러라고 자백하는 경우에는 10년. 만약 둘 다 용의를 부정한다면 1년입니다.'

두 명은 고민에 빠졌다. 자백해야 하는가, 부인해야 하는가. 가장 좋은 것은 둘 다 잠자코 있는 것이다. 운이 좋으면 1년만 살고 나올 수 있다. 그러나 자신이 자백하고 상대방도 자백하면 10년. 머리를 스쳐가는 것은 최악의 경우이다. 자신은 가만히 잠자코 있었는데, 상대방이 자신을 고자질한다면 자신은 25년이고 상대방은 석방된다. 자, 어떻게 하겠는가?

여기서 시험받는 것은 '상대방에 대한 신용'이다. 이러한 상태에 놓이면, 서로 상대방을 신용할 수 없게 되어 버린다. 신용할 수 없으니 자백해 버리고 결국 잠자코 있으면 1년으로 끝날 것을 10년형을 받게 되고 만다. '신용할 수 없다'는 느낌이 어떤 선택을 하게 만드는지 이 수인의 딜 아베 총리가 어느 시점에서건 중국을 방문하여 센카쿠 문제를 정상화시키고, 중일 간의 상호 의심을 제거하며 평상적인 관계로 회복하는 전략을 세우고 있으리라 생각한다. 다행히 관저에는 아베 제1차 내각에서 외무차관으로 근무하고, 대중국관계의 정상화를 시작으로 아베 외교의 성공에 크게 공헌한 야치 쇼타로谷内正太郎가 고문顧問으로 있으며, 당시 종합정책국 총무과장으로서 야치의 심복으로 공헌한 가네하라 노부카쓰兼原信克가 관방부장관보로서 총리를 보좌하고 있다. 외무성이 산출한 두 명의 최고 두뇌들의 정책 자문하에서 중일 문제 타개의 전략이 반드시 세워지고 있을 것이다.

2013년 1월 25일 아베 친서를 가진 공명당公明党의 야마구치山口 서기장이 중국을 방문하여 시진핑習近平 총서기와 회담한 것은 분위기를 반전시키는 기반으로 효과를 내고 있는 듯하다.

<hr>

레마가 보여준다.

수인의 딜레마를 해결하는 방법은 한 가지 있다. 처음에는 서로가 믿을 수 없기 때문에 양자가 서로 자백하는 경우가 많지만, 같은 상대방과 몇 번이고 같은 실험을 해 가는 가운데, 자신은 상대방을 믿을 수 없어 자백했는데 상대방은 잠자코 있어서 미안했다는 체험을 반복하는 사이에 '저 녀석은 잠자코 있을 테니 나도 잠자코 있자' 하는 상호 신뢰 관계가 생겨나 자백하는 경우는 점차 줄어간다고 한다.

상대방의 말과 행동의 일치와 차이를 배우는 가장 좋은 방법은 '대화'라는 것을 수인의 딜레마에서 볼 수 있다. 대화란 말을 주고받는 것만이 아니다. 상대의 말이 실현될지 어떨지를 서로 점검하는 기회가 몇 번이고 있으면 수인의 딜레마에서 벗어날 수 있다는 것이 이 이야기의 결론이다(죠셉 나이, 『국제분쟁 : 이론과 역사(제7판)』有斐閣, 2009년, 22~24쪽).

영토 문제는 존재하지 않는 것일까

그럼, 어떻게 하면 '대화'를 통한 중일 관계 정상화를 이룰 수 있을까? 나는 일본 측에서 말해야 할 것은 하나라고 생각한다. '전제조건을 달지 않고 서로 이야기해 봅시다', 다른 표현으로 말한다면 서로 자기가 말하고 싶은 것은 전부 말하는, 즉 상대가 말하고 싶어 하는 바를 전부 듣는 것이다. 외교에서 자기 의견을 주장하는 것은 당연하다. 그러나 외교의 본지는 상대의 말하는 바를 철저하게 듣는 것에서 시작한다. 현재 일본에서는 전후 외교수행 과정에서 상대가 말하는 것만 듣고 자신의 생각은 충분히 말하지 못했다는 인상이 있다. 일정 부분 맞는 것도 있다. 그러나 그 결과, 상대가 말하는 것을 듣는 것이 얼마나 중요한가 하는 외교의 본뜻이 거의 무시당하게 되었다. 역설적으로 들릴지 모르겠으나 일본은 지금이야말로 이 외교의 본뜻을 제대로 되새겨 보아야 한다. 왜냐하면, 외교가 실패하면 전쟁으로 이어지기 쉽기 때문이다. 제2차 세계대전 이전의 외교관에게 이것은 근성과도 같은 것이었다. 예외가 있었을지언정, 전쟁 전의 외교관은 평화를 무너뜨리지 않고 국익을 완수하기 위해 목숨을 걸었다. 자신이 실패하면 군부가 나오리라 알고 있었기 때문이다. 당시 처음의 자신의 강한 주장을 고집하는 시기가 지나 상대와의 협상을 매듭지으려 할 때 상대의 생각을 하나도 놓치지 않고 듣는다는 원칙을 소홀히 했을 리는 없다. 그런 의미에서 아베의 중국 방문과 중일 정상화회담을 위해서는 현재의 외무성이 중국에 대해 취하고 있는 엄중한 자세는 고치지 않으면 안 된다.

외무성 홈페이지에 '센카쿠 열도의 영유권에 대한 기본 견해'가 올라와 있다. 1972년 공식 견해 표명 이래 전혀 변화 없이 2012년 10월이 마지막

날짜였다. 한편, 2013년 2월 홈페이지는 '센카쿠 열도에 대한 기본 견해'로 시작하고 있고, 서두에 '센카쿠 열도를 둘러싸고 해결해야 할 영유권 문제는 애초에 존재하지 않습니다'는 새로운 내용으로 시작하고 있다. 거기에 첨부되어 있는 Q&A도 아래와 같다.

센카쿠 열도가 우리 나라 고유의 영토인 것은 역사적으로도 국제법상으로도 의심할 여지가 없으며, 실제로 일본은 이것을 유효하게 지배하고 있습니다. 센카쿠 열도를 둘러싸고 해결해야 할 영유권 문제는 애초에 존재하지 않습니다.

'중일 간에 해결해야 할 영토 문제는 존재하지 않는다'는 주장은 1992년 중국이 센카쿠 열도를 영해법으로 자국 영토라고 규정한 이래, 적어도 1996년의 어업협의 때부터 일본 정부가 써온 표현이다. 이 입장이 정부의 기본 견해로 나온 셈이다. 게다가 그 논리적 귀결로 다음의 Q&A가 나온다.

중국 측과 센카쿠 문제에 대해서 '판단 보류'나 '현상 유지'에 대해서 합의한 사실은 없습니다.

그것은 당연할 것이다. 문제가 존재하지 않는다면 존재하지 않는 문제에 대해서 '판단 보류' 등이 성립될 수가 없기 때문이다. 2010년 중국 어선이 해상보안청의 순시선에 충돌한 사건이 일어났을 때, 나는 '무력충돌이 일어날 수 있겠다'고 생각했다. 억지와 대화를 통해 무력 충돌을 피하기 위해 이 '영토 문제는 존재하지 않는다'는 표현을 그만해야 한다고 생각하고, 같은 해 9월 30일자 『아사히신문』에 그러한 생각을 담은 글을 투고했다. 그로부터 2년 이상 지났지만 내 의견은 변함없다. '영토 문제는 존재하지 않는다'는 표현은 냉전 말기 1978년부터 1986년 그로미코Gromyko 소련 외무장관이 일본에 대해 계속 했던 표현이다. 당시 그로미코는 '존재하지 않는 문제를 제기할 것이라면 나는 일본에 가지 않겠다'고 발언했다. 이에 대해 일본 외무성은 '오지 않아도 상관없다. 그렇다면 이쪽도 가지 않겠다'는 태도를 취했다. 그 결과 8년 동안 일본과 소련의 외무장관들은 서로 수도를 방문하지 않았고, 1년에 1번 유엔에서 만나는 관계가 되었다. 당시 '그로미코에게서 받은 굴욕'으로 기억하고 있는 대응을, 만에 하나 잘못되면 무력 충돌할 수 있는 중국에게도 똑같이 취해야 할까? 너무 위험하지 않을까? 이것이 내가 제기한 첫 번째 의문이었다. 또 강경한 자세를 취한 결과 일본은 정치적으로 스스로를 자가당착의 세계로 밀어 넣고 있는 것은 아닐까?

앞에서 말한 대로 1972년의 저우언라이 발언, 1978년의 덩샤오핑 발언에 대해 일본 정부가 암묵적으로 양해하고 사실상 '판단 보류'해 온 것은 부정할 수 없다. 앞으로는 모르겠지만 과거에도 없었다는 표현은 무리가 아닐까?▪

외무성의 공식 입장에도 불구하고, 구리야마 다카카즈栗山尚一 전 주미대사(조약국장, 사무차관 역임)의 언론 인터뷰는 그간의 사정을 보여준다. 구리야마는 1972년 조약과장으로서 다나카 가쿠에이 총리와 함께 중국에 갔을

▪ 어선 충돌 사건이 강한 여파를 주고 있던 2010년 10월 21일 마에하라 세이지(前原誠司) 외무대신은 중의원 안전보장위원회에서 덩샤오핑의 보류론에 대한 질문에 '덩 씨의 일방적인 말로, 일본이 합의한 사실은 없다'고 발언했다(『아사히신문』 2010년 10월 21일 석간). 왜 이 발언에 이르렀는지, 앞으로의 연구를 기다려본다.

때, 저우언라이 총리와 센카쿠 열도에 대해 다음과 같은 이야기를 나누었다고 진술하였다.

저우언라이 총리가 "지금은 하고 싶지 않다"고 하고, 다나카 총리도 더 이상 추가 언급하지 않았다고 했다. 판단 보류, 뒤로 미룬 정상 차원에서의 '암묵적 양해'가 거기서 생겼다고 당시 생각했고, 지금도 그렇게 생각한다. 1978년 중일평화우호조약 때에도 덩샤오핑 부총리가 '후세의 지혜에 맡깁시다'라고 했고, 후쿠다 다케오福田赳夫 총리나 소노다 스나오 외상의 적극적 반론은 없었다. 1972년의 암묵적 양해가 1978년에 다시 한 번 확인되었다는 것이 실상이라고 여기고 있다(『아사히신문』 2012년 10월 31일).

그러면 일본 측이 위험하고도 정치적으로 자기모순에 찬 '영토 문제는 존재하지 않는다'는 입장을 잠시 접어두고 진지한 대화를 시작한다고 할 때, 중일 간에 우선 합의해야 할 내용은 무엇일까? 그것은, 일본은 센카쿠 열도의 현상 유지를 위해서는 '들어가지 않는다. 조사하지 않는다. 만들지 않는다'는 '3개의 NO'를 수행하고, 중국은 '센카쿠 열도의 영해·영공으로는 들어가지 않는다'고 하는, 일찍이 취하고 있던 정책으로 되돌아가는 것이다. 자민당 종합정책집 132호에는 '3개의 NO' 이외에 '공무원 상주'라는 항목이 명시되어 있다. 그러나 아베 총리는 센카쿠 문제 대처를 위한 '선택 중의 하나'라고 표현하고 있다. 협상의 무기로서 반드시 실시해야 한다는 태도는 아니다. 노다 내각이 굳게 지켜오고 현재 '주장하는 외교'를 내세우는 아베 내각이 참고 있는 이 '3개의 NO'를 일본 정부가 지키지 않을 이유는 없다고 생각한다. 문제는 중국이다. 이미 센카쿠 영해 침입을 상시화하고 있는 중국이 물러설 것인지 어떤지, 협상은 여기에 달려 있다고 생각한다.

중일 관계와 미국의 속내

그런데 이 협상에서 최종적인 향방에 영향을 주는 것이 미국의 대응이다. 센카쿠 문제에 대한 미국 정부의 원칙은 두 가지이다. 그것은 센카쿠 열도를 안보조약 제5조의 적용 범위로 인정하고, 이에 대한 공격이 있으면 일본 측 입장에 선다는 자세를 명확히 함과 동시에 주권에 대해서는 어느 한쪽 입장도 지지하지 않고 중립적 입장을 취한다는 것이다.

우선 안보조약의 적용에 대해서 보자. 2010년 센카쿠 열도 부근에서 일어난 중국 어선과 해상보안청 순시선과의 충돌 사건 뒤, 9월 23일에 마에하라 세이지前原誠司 외상이 워싱턴으로 갔다. 그때 클린턴 국무장관은 '센카쿠 열도는 미일안보조약 제5조의 적용대상이다'라고 분명히 밝혔다(『산케이신문産経新聞』 2010년 9월 24일).

과거를 거슬러 올라가도 이 점에 대한 미국의 정책은 비교적 일관되어 왔다. 하지만 현재 공개되어 있는 1972년 5월의 미 국가안전보장회의NSC의 문서를 보면 '센카쿠 열도는 미일안보조약 제5조의 적용지역이 아니므로, 적용지역이라고 해석 가능하다고 표현 수위를 낮추라tone down'는 지시가 나온다. 닉슨 대통령이 상하이를 방문한 것이 같은 2월인 바 미국과 중국이 접촉하고 있는 상황에서, 센카쿠 문제로 중국을 자극하지 않으려는 태도가 미국 NSC 내부에서 있었다고 보인다(다카하라 슈스케高原秀介, 「중일관계에 있어서 미국의 영향」, 『교토산업대학 세계문제연구소 기요』 제28권, 342쪽).

1996년에는 당시 월터 먼데일W. Mondale 주일대사가 '센카쿠 열도'는 제5조를 적용하지 않는다는 의미의 발언을 했다. 그러나 먼데일 발언을 원래대로 되돌리기 위해 미국 정부는 꽤 고생한 바 있다.■ 그런 뒤 앞에 서술한 클린턴 국무장관 발언으로 이어졌다. 2013년 1월 18일 워싱턴에서 기시다岸田 외무대신과의 회담에서 클린턴 국무장관은 '일본의 시정권을 손상하려는 어떠한 일방적인 행위에도 반대한다'고 발언했다. 안보조약 제5조의 적용 범위가 된다는 생각에 입각한 표현으로서는 지금까지 이루어진 어떤 표현보다도 무력을 통한 현상 변화를 경계하고 있다(『아사히신문』 2013년 1월 19일).

다음으로 '주권'에 대해서는 '중립'이라는 관점에서 살펴보자. 이러한 논의는 아주 이른 단계에서 시작되었다. 닉슨 정권은 1971년 6월 오키나와沖縄 반환협정 조인 무렵, '시정권의 반환'이라는 생각을 확실히 함과 동시에 1971년 10월 같은 협정 비준 때 의회에 대해 '반환은 시정권의 반환으로서 잠재 주권은 포함되지 않는다'는 입장을 취했다. '주권 중립'의 생각은 이때부터 명확해졌다(다카하라, 「중일관계에 있어서 미국의 영향」, 342쪽). 이 점에 관한 미국의 입장은 당연히 일본과 일치하지 않았다. 일본 정부의 해석은, 센카쿠 열도가 샌프란시스코평화조약 제2조에 근거하여 미국의 시정권

■　1996년 9월 16일 『뉴욕 타임즈』는 먼데일 대사가 '미군은 센카쿠 열도의 분쟁에 개입할 미일안보조약상의 책무는 갖고 있지 않다'고 말했다고 보도했다(『산케이신문』 1996년 10월 4일). 먼데일 대사 아래에서 주일공사를 지낸 브리아 씨는 10월 18일, '만약 중국이 센카쿠에 파병한다면 미국은(일본의 파병) 요청에 응할 것으로 생각한다'고 답했다(『산케이신문』 1996년 10월 19일).

에 있었으나, 오키나와 반환협정을 통해 그 시정권이 일본으로 반환되었다는 것이다. 즉 센카쿠의 주권은 일본에 있다는 해석이다. 일본 측은 센카쿠 문제 폭발 후, 이 문제를 표면으로 드러내고자 한 것이다. 2012년 9월 24일 국제문제연구소가 긴급 제언을 냈다. 국제문제연구소는 대체로 외무성 예산으로 운영되는 연구소로서 보통 외무성의 외곽단체로 여겨지고 있다. 그 제언 속에 '미국이 센카쿠 열도를 일본 영토로 취급해 온 것은 명확하고, 동 제도의 영유권에 대해서 중립적 입장은 채택하지 않았다. 일본 정부는 다시 이 점에 대해서 미국 정부의 주의를 환기시켜야 한다'는 구절이 있었다. 이를 보고 매우 놀랐다. 국제문제연구소가 발표하는 글은 일반적으로는 외무성 스스로 말하기 어려운 부분을 대변하고 있다고 볼 수 있다. 이것은 일본 정부가 '중국이 강하게 나올 때 지금까지와 같은 주권 중립 원칙을 미국이 취하는 것은 바람직하지 않다'는 문제 제기를 한 것이라고 할 수 있다.

교토산업대학 세계문제연구소와 중국 상하이의 사회과학원은 2012년 교류협정을 맺고 연구자들이 정기적인 논의를 시작했다. 미·일·중 관계를 주제로 하여, 이 해 7월 교토에서 1차, 11월에 상하이에서 2차 회의를 개최했다. 11월의 논의는 대부분은 센카쿠 문제였는데, 그중에서도 미국의 안보조약 제5조의 적용과 주권 중립의 법리가 활발하게 논의되었다. 중국의 시각은 다음과 같다.

주권 문제에 관해서 중립이라는 것은 이 문제를 중일이 대결하는 분쟁으로 남겨둔다는 의미를 갖고 있다. 미국은 한편으로는 분쟁이 과열되지 않도록 제5조를 적용한다고 하고, 대화를 통한 해결을 촉구하고 있는데, 실제로는 그렇게 해서 분쟁이 지속되도록 돕고 있다. 미국이라는 나라는 정말로 자기중심적이다. 주목할 것은, 분쟁이 있는 편이 미국에 이익이 된다는 미국의 현실주의적 태도가 드러났다 숨었다 하는 점이다. 미국에 대해 위협을 느낀다.

중국이 현실주의를 기본으로 하는 미국 방식에 반발한다면, 일본을 미국에서 분리할 수 있는 우호적 방법을 강구했어야 했다. 중국이 센카쿠 문제로 일본에 이만큼 위기의식을 심어준 것은 그러한 현실주의 관점에서는 참으로 서투른 정책이라고밖에 할 수 없다.

그러나 현실주의를 기본으로 하는 미국이 정말로 제5조를 근거로 해 일본을 지킬 것인가, 그렇지 않으면 주권 중립이라는 안전판 아래에서 결국 동북아시아의 두 대국이 충돌하여 서로 상처입히는 것을 옆에서 지켜볼 것인가는 일본의 일부 전문가들도 제기하고 있는 문제이다.

작은 섬 때문에 정말로 미국이 움직일까 하는 문제이다. 나는 일정한 조건이 충족된다면 미국이 반드시 움직일 것이라고 생각한다. 미국은 힘과 이념이라는 두 개의 요소로 이루어졌다. 이는 미국이라는 나라를 이해하기 위해 본질적으로 중요한 사실이다. 힘만으로 미국을 이해하고, 힘의 관점에서 이득이 되지 않으면 미국은 움직이지 않을 것이라고 속단하는 것은 큰 잘못이다. 그렇다고 해서 이념 때문에 미국이 반드시 움직일 것이라고 낙관하는 것도 잘못된 판단일 것이다.

나는 안보조약 제5조에 근거하여 미군이 실제로 행동을 취하기 위해서는 두 개의 조건 내지 '상식'이 충족되어야 한다고 생각한다.

하나는 만일 중국이 부대를 동원하여 센카쿠 열도에 들어가 그곳에서 무력 충돌이 발생했을 때, 우선 자위대·해상보안청·경찰을 시작으로 하는 일본의 부대가 나서 나라를 지킬 각오로 행동하는 경우다. 자신만 안전권에 있고, 미국 병사만 피를 흘리도록 두고보지는 않을 것이다. 이는 조약 규정 이전에 동맹의 본질이다.

또 하나는, 일본이 먼저 중국에게 절대로 도발하지 않는 경우이다. 은인 자중, 인내에 인내를 더해 중국의 도발에 넘어가지 않는 자세를 끝까지 지켜 대화와 외교에 온갖 지혜를 강구하는데도 중국이 먼저 움직인다면, 미국 대통령은 중국의 도발에 대해 강경한 태도를 취할 것이다. 그러나 '주권 중립'이라는 입장이 나타내듯이 미국은 가능한 한 싸움에 휘말리려 하지 않을 것이다. 중국인이 지적하는 미국의 현실주의는 이러한 점에서는 잘 들어맞는다고 생각한다.

중국을 도발할 만큼 어리석은 일본이라면, 그러한 경솔한 동맹국을 돕기 위해 미국 청년들이 피를 흘리겠는가? 미국은 그 정도로 박애적이고 인심 좋은 나라가 아니다. 그러므로 일본으로서는 최대한 '억지'를 위한 노력과 함께 더 '인내'하는 외교 노력이 꼭 필요하다.

지금 중국의 패권주의적 행동에 분개하고 이러한 중국에 굴하지 않고 센카쿠를 일본의 실효 지배로 굳건히 해야 한다는 강한 의견이 힘을 받고 있다. 만약 전쟁 직후부터 무책임한 안전 보장을 '좌로부터의 평화 망상'이라고 한다면, 나는 최근 목소리가 커지고 있는 이 무책임한 전투주의를 '우로부터의 평화 망상'이라고 말하고 싶다. '우로부터의 평화 망상'은 지금 '좌로부터의 평화 망상' 이상으로 일본 국익을 훼손하고, 경우에 따라서는 나라의 존립을 위협하는 지경으로 일본을 몰아갈 수 있다. 일본이 중국을 도발하고(세계 여론이 일본의 중국 도발을 인정하고), 중국이 군대를 움직이고, 미국이 도발국 일본을 도와주지 않겠다고 결정 내리면, 일본은 단독으로 중국과 싸우게 된다. 일본 제국 해군의 야마모토 이소로쿠山本五十六■ 대장은 반년이나 일 년은 전쟁에서 문제없다고 말했다. 실제로 미드웨이전쟁까지 일본 해군은 반년밖에 버티지 못했다. 그래도 반년은 견딘 것이다. 지금 일본의 자위대는 며칠, 몇 주 또는 몇 개월을 견딜 수 있을까? 최종적으로 이길 수 있을까? 이를 생각하면 오싹한 기분마저 든다. 이제 '우로부터의 평화 망상' 발언은 삼가하고 모든 일본인이 자신의 문제로 안전보장 문제를 생각해보았으면 한다.

■　역자주 : 야마모토 이소로쿠(1884~1943) 니가타(新潟県) 출생. 해군대장. 주미무관, 제일항공전대사령관, 해군차관을 역임 후 1939년 연합함대사령관으로 태평양전쟁에서 진주만공격·미드웨이해전 등을 지휘, 파푸아뉴기니아에서 전사.

독도 문제
공존의 길 탐구

한국인이 감정적이 되는 이유

2012년 8월 10일, 이명박 대통령이 갑자기 독도를 방문했고, 그 영상이 일본 안방을 휩쓸었다. 영상은 그해 독도 문제에서 일본이 패배했다는 인상을 남겼다. 그러나 이번 패배는 지금까지 독도를 둘러싼 한국과의 다툼과는 의미가 달랐다. 지금까지 독도를 둘러싼 다툼은 항상 한국 측이 분노했지만, 이번에 분노를 표출한 것은 일본인이었다.

일본인이 독도에 대해서 이야기하려고 하는 것만으로 왜 한국인은 분노하는가. 독도 문제가 나온 순간, 그때까지 웃음기를 띠고 있던 표정이 왜 돌변할까?

한국인에게 독도는 역사 문제이기 때문이다. 역사적 경위를 거슬러 올라가면, 독도가 고문서에 어떻게 묘사되고 있는지, 17세기 조선과 도쿠가와德川 막부가 울릉도 영유를 둘러싸고 다투었을 때 독도가 어떻게 다루어졌는지, 메이지 정부와 대한제국이 이를 어떻게 다루었는지 등 몇몇 역사적 기록들이 있다.

그러나 한국이 이 문제를 역사 문제로 다루는 것은, 일본이 이 섬을 영유한 1905년부터 5년 후인 1910년에 한국을 병합했기 때문이다. 한국에서 보면 독도는 '일본에 의한 조선침략 최초 희생의 땅'으로 비친다. 그 '한'이 근본에 있다. 일본인이 일본의 독도 영유가 정당하다고 하면, 한국인들은 일본이 한국 식민지화를 정당화하는 것 같이 느낀다. 그래서 많은 한국인의 얼굴 표정이 일그러지는 것이다.

또한 그 배경에는 1951년 샌프란시스코조약 체결 당시 한국이 부당한 취급을 받았다는 감정이 깔려 있는 듯하다. 1954년 독도를 한국인이 실효 지배했을 무렵부터 '독도=한국의 정체성'이라는 현상이 등장한 것 같다. 일본인에게 있어 후지산이 일본인의 정체성인 것처럼 말이다. 조선 본토에서 눈으로 확인할 수 없는, 울릉도에서 수평선 저쪽에 정말로 희미하게 보이는 섬으로 조선의 어느 기록에서도 민족의 생존에 깊이 관련된 적이 없는 이 섬이 어떻게 자신의 정체성이라고 말할 수 있을 만큼 중요해졌을까? 그 심리 메커니즘을 잘 이해하지는 못하겠지만, 나는 '독도 동경론'이라는 말로 한국인의 이러한 마음을 설명하려고 해 왔다.

마지막으로 한국인 입장에서 보면 1965년 한일국교정상화에서 한국이 이 문제에 대해서 충분히 대응하지 않았다는 강경한 목소리도 있는 듯하다. 그러한 한국 특유한 배경을 생각하면 2005년 시마네 현島根県의 '독도의 날竹島の日' 제정에 노무현 대통령이 '외교전쟁'이라는 격앙된 반응을 보인 것도, 2006년 '해저지도측량문제'를 둘러싸고 일어난 양국 해상보안청 당국 간의 일촉즉발 사건도, 2008년 대통령 취임 후 이명박 대통령을 흔들었던 미국 정부의 지리명칭위원회에서 있었던 독도·다케시마 명명 문제도,

2011년 일본 국회의원의 울릉도 방문에 대한 비자 거부에 의해 달아오른 긴장도 모두 설명할 수 있을 것이다.

그러나 이번에는 상황이 반대였다. 이미 2010년 11월 러시아 메드베데프D. Medvedev 대통령의 구나시리国後(쿠릴) 방문을 동영상으로 본 일본인은 일제히 불쾌감을 표명하였다. 도민島民을 비롯하여 격렬한 분노의 목소리가 매스컴을 뒤덮었다. 2012년 7월 메드베데프 당시 총리가 두 번째로 구나시리를 방문하자 러시아에 대한 악감정은 증폭되었다. 독도에서 경비대에게 경례를 받는 이명박 대통령의 모습은 대부분의 일본인에게 구나시리 섬에서 캐비어 시식을 하는 메드베데프 총리(당시)의 영상과 겹쳐져 보였음에 틀림없다. 더욱이 일본인의 분노는 이명박 대통령이 가정하여 거론한 천황의 한국 방문에 대해서, '한국인의 마음을 울릴 사죄가 필요하다'고 말함으로써 순식간에 증폭되었다. 이명박 대통령의 영상에 대한 일본인들의 국민적 분노는 정부·지식인·매스컴을 한쪽으로 집중시켰다. ICJ(국제사법재판소) 제소가 그것이다. 정부는 8월 17일 한국에 대해 ICJ에 공동제소를 제안했으나 한국은 이를 거부했다(『산케이신문』 2012년 8월 17일). 이에 대해 일본 정부는 ICJ 단독 제소 준비에 들어가 11월에는 거의 제소 준비가 끝났다고 전했다. 그러다가 한일 사이에 각종 협의가 재개되고, 또 12월 16일 일본의 중의원 선거, 12월 19일 한국 대통령 선거 등 정치 일정의 격변 속에서 단독제소는 뒤로 미루어졌다(『요미우리신문読売新聞』 2012년 12월 1일). 아베 내각에 들어서도 단독 제소 연기 방침은 계속되고 있다(『요미우리신문』 2013년 1월 9일). 나는 공동제소·단독제소 방침이 보도되었을 때부터 이에 강한 위화감을 가졌다. ICJ에 나가보았자 한국이 응하지 않을 것은 눈에 선했다. 공동제소는 물론이고, 단독제소도 한국이 받아들일 가능성은 거의 없었다.

결국 ICJ 제소로 일본이 얻고자 하는 것은 한국으로 하여금 이를 거부하게 하여, 일본 국내와 국제사회에 한국의 부당함을 밝히고, 국제 선전전에서 이기는 것이었다. 이것이 지금 일본이 정말로 해야 할 일일까? 나는 일본이 이 대통령의 도발에 넘어가 버린 것 같았다.

그럼 이 대통령이 독도에 상륙했을 때 일본은 무엇을 해야 했을까? 나는 일본의 행동은 한 가지여야 한다고 생각한다. 이 문제를 대화로 해결하자고 한국에게 진심으로 호소하는 것이다. 지금까지 일본 측의 대응은 이 문제가 한국에 있어서는 감정적인 문제이기 때문에 그 지뢰밭에 들어가지 않고 겉돌면서 폭발하지 않도록 해 온 것 같다. 이 대통령의 행동은 일본인 속에 있던 이 진중함을 떨쳐버리게 만들었다. 이 관점에서 한국에 대해 평화적 대화를 강조하는 것은 일본의 평화 외교를 세계에 강조한다는 장점이 있다. '원점으로 돌아가 한일 간에 확실하게 대화해 봅시다'라고 하고, 일본 정부는 '이 문제를 무력으로 해결할 의도는 전혀 없습니다'라는 뜻을 강조하며, 센카쿠, 북방영토도 염두에 두면서 이러한 기본 자세를 한국을 통해 세계에 알리는 것, 이것이 생각해 볼 수 있는 전술이다. 이 대통령이 독도에 들어간 8월 10일부터 한 달 뒤, 일본 정부의 센카쿠 구입으로 중국 공선의 센카쿠 영해 침범이 급증했고, 중국 국내에서 일본 출자기업에 대한 습격 역시 크게 늘었다. 1개월 전에 노다 총리가 독도 문제에 대한 평화적 협상 의도를 천명했다면, 세계인들에게 센카쿠에 대한 중국의 태도와 독도에 대한 일본의 자세 차이를 선명하게 전달할 수 있었으리라 생각한다. 물론 여기에는 함정이 하나 있다. 독도에 대해서는 상대에게 대화를 요구하고, 센카쿠에 대해서는 대화를 거부한다는 것은 서로 다른 기준이 아닌가 하는 문제이다. 엄밀한 법 이론에서는 그렇게 생각할 필요가 없다. 이쪽이 절대적으로 옳은 것에 대해서 상대와 대화할 필요가 없고, 이쪽에도 이유가 있다고 확신하는 것은 대화를 요구하면 된다. 하지만, 이 논의는 아주 이해하기 어렵다. 외무성이 현재 한국에 대화를 강조하지 않는 것은, 센카쿠에 대한 '일본의 이중 기준'이라는 구실을 주지 않기 위해서인지도 모른다. 그렇다면 센카쿠에 관해 대화가 시작될 때가 독도에 대한 대화를 요구할 절호의 기회이다. 이 사태가 머지않아 그러한 방향으로 가기를 진심으로 바란다.

'독도 밀약'의 존재

과거의 협상에서 한일 간 대화를 통해 '독도' 문제를 다루려고 고심한 시기가 있었던 것 같다. 전후 한일 관계가 1965년 일괄 협상으로 정상화되고 독도 문제에 대해서는 쌍방의 견해가 일치하지 않자, '분쟁에 관한 교환 공문'으로 귀결되었는데, 일본 측은 독도 문제가 이 대상이라고 하고, 한국 측은 독도 문제는 존재하지 않으므로 이 교환 공문의 대상이 되지 않는다고 하여 동상이몽으로 처리되었다.

그런데 여기에 1965년 협상에서 '독도 밀약'설이 등장한다. 나는 앞서 책을 썼을 때, 이 밀약설이 마음에 걸렸으나 결국 다루지 않았다.

첫째는 외무성이 '합의가 이루어진 사실이 없다'고 완전 부정의 태도를 취했기 때문이다(2007년 4월 3일, 스즈키 무네오鈴木宗男 의원의 질문서에 대한 회답). 내가 외무성 조약국에서 근무하고 있는 동안 이 이야기를 들은 적이 없었던 것은 사실이다. 그러나 그 후 한일 관계의 추이를 보면 또 다른 느낌을 갖게 된다. 1965년 이후 약 30년간 독도 문제가 한일 외교 문제의 중심이 된 적이 없는데, 그 가장 큰 원인이 한국 측의 역사 감정에 대한 일본 측의 이해 때문이라고 생각했다. 특히 독도와 북방영토에 대한 일본 외교의 대응 방식의 차이를 설명하여 왔다.

하지만 30년 동안 이 문제가 양국 간에 긴장감을 불러일으키는 대상이 되지 않았다는 사실은 일본 쪽의 행위로만 설명하기에는 무리가 있을지도 모른다. 그러한 점에서 다시 한 번 이 문제를 생각해 보고자 한다.

이 문제에 대해서 가장 종합적으로 저술했다고 생각되는 것이 노 다니엘이라는 한국 출생의 연구자가 2008년 간행한 『竹島密約』(소시샤草思社)이다. 다니엘에 의하면 밀약은 한일 국교 정상화의 마지막 난관이었던 독도 문제를 막판 해결하기 위해 체결되었다. 당시 양국 정상은 박정희 대통령과 사토 에이사쿠佐藤栄作 총리였고, 직접 서명한 사람들은 각각의 정상으로부터 임무를 부여받은 정일권丁一權 국무총리와 고노 이치로河野一郎 국무대신이었다. 서명된 문서에는 다음과 같이 기록되어 있다.

독도·다케시마 문제는 해결되지 못한 것을 해결한 것으로 간주한다. 따라서 조약에서는 다루지 않는다.

(가) 양국 모두 자국의 영토라고 주장하는 것을 인정하고 동시에 그에 대해 반론하는 것에 이론이 없다.

(나) 그러나 장래 어업구역을 설정할 경우, 쌍방이 독도를 자국령으로 하여 선을 긋고, 겹치는 부분은 공동수역으로 한다.

(다) 한국은 현상을 유지하고, 경비원의 증강이나 시설의 신설, 증설을 하지 않는다.

(라) 이 합의는 이후에도 계속 이어간다.

'해결되지 못한 것을 해결한 것으로 간주한다'는 것은 아주 흥미로운 지혜이다. 해결되지 않았는데 해결됐다는 것이므로 그야말로 '보류'한 것이다. 하지만 해결되지 않았기에 상호 주장할 권리까지는 부정하지 않는다. 그러나 상호 주장은 해결되었기 때문에 원만해지지 않을 수 없다. 그 후 한일 관계는 거의 30년 동안 마치 밀약이 있는 것처럼 흘러온 듯이 보인다. 한국의 계속된 불법점거에 일본 정부가 항의하고 있지만 이것은 연중 행사처럼 되어, 한국의 회답도 그에 대응한 형식적인 것이 되어간 것 같다(『竹島密約』, 249~251쪽). 나는 1986년 7월부터 1988년 11월까지 구라나리 다다시倉成正 외무대신의 비서관으로 두 번 한일외상회담에 참석했다. 회담 개최에 맞추어 외무장관에 대한 브리핑이 있었다. 회담의 흐름, 발언은 이렇게 부탁드립니다, 반론이 있으면 이렇게 합니다, 하는 식으로 절차, 방법을 한 시간 정도 설명한다. 원래 담당국장이 와서 브리핑 하기 때문에 당시에는 아시아국장이 와서 브리핑을 하고, 마지막으로 독도 문제에 관해 설명했다.

"마지막으로 독도 문제입니다. 이에 대해 한 말씀 하시지 않으면 안 됩니다. 발언의 시기에 대해서 잘 생각해 주십시오. 초기에 말하면 회담 분위기가 안 좋아집니다. 마지막에 힘을 실어 한 말씀 부탁드립니다. 표현은 예를 들면 이런 안이 있습니다." 그러면 구라나리 외무대신이 "그래, 그래" 하며 끄덕였고, 주의 깊게 그대로 발언을 했다. 다니엘에 의하면 박정희에서 전두환, 노태우로 이어지는 군인 출신들이 대통령이었을 시대에는 밀약이 이어졌지만, 1993년 직접 선거를 통해 대통령으로 뽑힌 김영삼金泳三 때는, 밀약이 이어지지 않았다. 밀약 관련 문서도 처분되었다고 한다(『竹島密約』 236~249쪽).

이것을 염두에 둔다면 한국에서 일본의 식민지에 대한 '한'과 '독도 동경

주의'를 통해 자라난 세대에게 1965년 이후 한국의 독도 정책은 아주 미온적으로 보일 것이다. 그 부분은 확인할 도리가 없으나, 아무튼 한국 측은 그후 밀약의 존재는 없었던 듯이 헬기 착륙장과 어민 숙박시설을 짓는 등 실효 지배를 강화하여 갔다. 실제로 존재했는지 안 했는지는 별도로 하고, '독도 밀약'에서 서로 이해했던 것은 사라진 것이다.

러스크Rusk 편지의 논거

실효 지배 굳히기에 이어 현재 한국인의 대응을 보면, 샌프란시스코평화조약에서 부당한 취급을 받았다는 분노가 독도 영유에 관한 역사적 정당성을 증명하려고 하는 사명과 결합하여 무서운 힘을 키우고 있는 듯하다. 한국 입장에서 보면, 샌프란시스코평화조약 협상에서 아주 뒤쳐진 문제가 있다. 협상 타결에 이르는 동안 미국의 입장이 종종 흔들려서, 최종적으로 독도의 이름이 조약에서 사라지고 그 귀속 문제는 뒤로 미뤄졌다. 하지만 조약 체결 당시 미국 정부의 생각은 1951년 8월 10일 러스크 극동 담당 국무차관보가 한국에 보낸 아래의 편지 속에 나타나 있다.

독도로 알려진 섬에 관해 보자면, 통상 사람이 살지 않는 이 돌섬은 우리의 정보에 의하면 조선의 일부로 취급된 적이 결코 없고, 1905년경부터 일본의 시마네 현 오키노시마 지청隱岐島支庁의 관할하에 있었다. 이 섬은 일찍이 조선을 통해 영유권이 주장되었다고는 보이지 않는다.

한국 입장에서는 터무니없는 편지를 받은 처지가 되어 버렸다. 압도적으로 약한 입장을 뒤집기 위해 한국 측은 필사의 노력을 시작한 것 같다. 러스크 편지의 논거를 뒤집기 위해서는 '우리의 정보에 의하면'이라는 부분에서 사용된 '지금의 미국에게 available(손에 들어온)'이라는 부분을 뒤집어, 당시 일본 정부가 미국에게 제공한 available한 정보가 틀렸다는 사실을 증명해야 한다. 우선 17세기 말 울릉도 귀속에 대해서 도쿠가와 막부와 조선 왕조가 다툰 때에 막부는 돗토리 번鳥取藩에 독도의 영유에 대해서 두 번이나 물었다. 두 번 다 돗토리번은 독도를 자기네 번의 영토로 간주하고 있지 않다고 회답했다. 다음으로 메이지 유신 후 1877년(메이지 10) 시마네 현이 한 조회에 대해 태정관太政官 지령이 내려와 '울릉도와 또 하나의 섬은 일본령이 아니다'라고 회답하고 있다. 나는 이 '또 하나의 섬'이 독도를 가리키고 있다고 생각한다. 이 관점에서 보면 독도는 일본령으로 인식되지 않았던 것 같다. 그렇다고 막부와 메이지 정부가 독도를 한국령으로 인정했다는 것을 의미한다고 볼 수는 없다. 또 한국 고문서에서 '우산도于山島'나 1900년 대한제국 칙령 41호에 나타난 '석도石島' 등의 명칭이나 논거들이 반드시 독도를 가리키는 것은 아니라고 일본 측은 해석해 왔다.

주장이 나뉘는 가운데 한국 측은 독도가 한국령임을 국제회의에서 강력히 호소했다. 국제회의 등 세계 각국의 여론 형성의 장에서 한국인이 내뿜는 열기에는 청중을 압도하는 무엇이 있었다. 그중에는 역사적인 배경이나 자료 등을 보이면서 실증주의적으로 말하는 사람도 있어, 독도 문제에 대해서 깊은 지식이 없는 사람에게는 설득력을 가진다. 이러한 노력 덕분에 국제 여론은 어느 순간 한국 지지로 흘러가고 있다.

공존하기 위한 대화

독도 문제에 대해 일본은 앞으로 어떻게 해야 하는가? 이른바 실효 지배 측면에서도, 국제 이론 전쟁이라는 측면에서도 이대로 한국에게 계속 당하고만 있을 것인가? 나는 일본인도 일본 정부도 태고부터 현재까지 역사를 잘 공부하여 21세기 일본 외교와 국익을 생각하고 각오를 다질 필요가 있다고 생각한다. 모든 역사 자료를 검토하고 평화선(이승만 라인) 설정 이후 한국의 독도 무력 점령 과정에 대해 깊이 생각해보고, 이들 섬의 회복이 일본에 꼭 필요하다고 각오를 다져야 할 때라고 생각한다. 협상을 통해 한국이 독도를 일본에 양도할 전망이 조금이라도 있을까? 나는 없다고 생각한다. 그럼에도 독도를 차지하는 것이 일본의 정의와 국익이라고 생각한다면, 각오를 다지는 수밖에 없다. 동아시아에서 중국이라는 대국이 나타나 센카쿠 반환을 위해 무력 사용을 불사하겠다고 말하기 시작했다. 그와 같은 주장을 일본이 했다고 해서 세계 여론이 일본만을 규탄하는 일 따위는 일어나지 않을 것이다. 다만 그 결단을 하기 전에 신중하게 고려해야 할 것이 있다. '머지않아 일본이 독도를 반환받기 위해 공격해 온다. 그렇게 되면 이번에야말로 확실히 본때를 보여주겠다'는 것이 한국의 소설 속에서 종종 등장했다. 만일 정말로 일본이 무력 탈환에 나선다면, 그것은 한국인이 스스로 부추겨서 자초한 것처럼 보일 것이다. 그렇다고 해서 한국인이 달라질 리가 없다. 이 가정에서 눈에 선한 것은 일본의 무력 탈환에 대해 피가 끓는 한국인들이 하나로 뭉치고 일본과 싸우기 위해 수만 명에 이르는 한국 젊은이들이 들고일어날 것이라는 사실이다. 이에 반해 일본인은 독도를 위해 자기 목숨을 내놓을 것인가? 당신의 자식이, 동생이 독도의 탈환을 위해 죽겠는가?

당신이라면 죽겠는가?

목숨을 버리면서까지 독도를 차지하려 하지 않는 것은 일본인으로서 부끄러운 일일까? 만약 대답이 NO라면, 일본은 이 섬을 둘러싸고 이른바 중국같은 19세기 제국주의 국가로의 회귀가 아니라 21세기를 리드하는 국가로서의 정책을 내놓지 않으면 안 된다. 일본의 명예와 패전과 전후 부흥 속에서 배워 온 것을 종합하여, 한국과 세계 모두가 납득하는 독도 정책을 내놓아야 한다.

앞의 내 책에서 그 내용에 대해 서술했으나 2012년 외교 실패를 거친 지금 다시 그 요점을 말해두고자 한다.

첫째 독도의 귀속에 대해 진지한 대화를 다중적으로 해야 한다. 이것이야말로 지금 일본이 한국에 대해, 또 세계에 대해 조금도 부끄럽지 않을 강력한 자세이다. 이야기하면 할수록 한국인의 감정을 불러일으키니 건드리지 않는 것이 좋겠다는 정책은 2012년 여름에 유통기한이 끝났다고 생각해야 한다. 중요한 것은 ICJ 제소가 아니라 대화이다. 대화의 성공 여부를 결정짓는 것은 정확하고 깔끔하게 자신의 생각을 구성하여 진술하는 능력과 상대의 의견을 참을성 있게 듣는 것이다. 정부가 앞장서 나설 필요는 없다. 학자와 각계 지도자들이 하면 된다. 한일 학자들 간의 논의들을 보면, 독도 문제는 충분히 연착륙이 가능하다고 보여진다. 2011년 9월에 나고야 대학名古屋大學의 이케우치 사토시池內敏 교수와 영남대嶺南大의 김수희金秀姬 교수 사이에서 역사실증주의를 존중하는 진지한 토의가 있었다(『일본의 영토문제日本の領土問題』, 201쪽). 또한 2012년 12월 이케우치 사토시 선생의 논저를 정리해 발행한 『독도 문제란 무엇인가竹島問題とは何か』가 있다. 또 한 권, 2012년 1월에 발행된 한국 동북아역사재단 신임 이사장인 김학준金學俊 씨의 『독

도연구獨島硏究』가 있다. 김학준 이사장의 2004년 출간물은, 앞의 책에서 내가 한국 측의 주장에 반론하기 위해 읽은 책이다. 2012년 12월 서울에 1주간 출장하며, 동북아역사재단을 방문하고 김학준 이사장을 만났을 때, 책을 주고받았다. 연구자들 간의 착실한 연구는 확실히 진전되고 있었다. 앞으로 대화도 진전될 여지가 충분히 있다고 생각한다. 이러한 학자들 간 대화는 머지않아 반드시 정부 간 대화로 발전하리라 믿는다. 대화의 결과를 미리 내릴 필요는 없다. 30년에 걸쳐 대화를 계속해 온 일러 협상을 예로 보면, 반드시 귀착점은 보이게 될 것이다.

둘째로, 독도를 평화와 협력의 섬으로 활용한다. 이 점에 대해서도 독도를 평화와 협력의 섬으로 하는 신뢰양성조치를 만들자고 2009년 6월 미국 워싱턴 SAISSchool of Advanced International Studies에서 열린 '독도·다케시마·리앙쿠르 락스 : 동북아시아에 있어서의 역사·영토·주권' 세미나에서 내가 제안한 바 있다. 전혀 예상하지 못했는데, 한국인, 미국인, 한국계 미국인 모두가 꽤 열렬하게 이 생각을 지지해 주었다. 동북아역사재단의 김용덕金容德 당시 이사장도 세미나 결론 부분에서 "나는 도고 씨의 제안을 지지합니다"라고 말했다. ▪

2010년 교토산업대학京都産業大学을 모체로 하여 독도를 '평화와 협력의 섬'으로 삼자는 아이디어로 세미나를 할 수 없을까 생각하고 있었는데, 그 해는 한국 병합 100주년이 되는 해였다. 새로 재단 이사장이 된 정재정 씨는 독도 문제에 대해서 어떠한 논의도 정치색을 짙게 띠므로 피하는 것이

▪ 역자주 : 당시 김용덕 이사장의 발언은 독도에 대한 영유권을 애매한 형태로 둔 채로 진행한다는 것이 아니라 독도를 한국령으로 일본에서 인정한다는 전제하에 했던 것이었다.

좋겠다고 하여 다른 주제로 공동 세미나를 개최했다(『일본의 영토 문제』, 196~200쪽). 그러나 2009년부터 2010년 워싱턴과 서울에서 한일 관계자 사이에 다음과 같은 활발한 논의들이 오갔다.

- '욘사마'로 불리는 배용준 씨의 콘서트를 독도에서 개최하고 일본인이 투어를 준비하여 가면 어떨까?
- 한국의 스타만 나오면 불공평하니 한국 젊은이들 사이에 인기 있는 AKB48의 콘서트도 하고, 거기에 일본인뿐만 아니라 한국인도 보러 오게 하면?
- 주권의 문제는?
- 일본과 러시아 사이에 비자 없는 교류라는 선례가 있다. 한일 정부 간에 그러한 틀을 만들어 독도에서의 평화 교류의 실적을 쌓으면 좋겠다.
- 모두 재미있는 생각들이지만, 우선 1998년 한일어업협정이라는 훌륭한 협정이 있으니 쌍방 어민이 만족할 만한 환경이 조성되도록 이 협정이 실현된다면 좋겠다.

상대를 믿고 토의하려는 생각이 있다면 정부 간 대화에서도 이러한 논의가 가능하지 않을 리 없다.

셋째로 독도 밀약의 재생을 생각해 본다. 단, 이번에는 공개된 약속으로서이다. 진지한 대화나 평화적 활용 등 위의 두 예는 국가 관계의 최상위 지점에서 일어난 이야기는 아니다. 그러나 여기서 생겨난 한일 간의 우호적인 분위기를 생각하면 2012년 독도를 둘러싼 긴장이 왜 일어났을까 하는 생각이 든다.

결국 앞으로 우리들의 지혜는 독도 밀약을 했을지도 모르는 선배들의 지혜로 돌아갈 것인지 어떨지에 달려 있다고 말해도 좋을 듯하다. 궁극적인 과제는 독도라는 한일 사이에 박힌 가시를 서로의 명예를 상처 입히지 않고 잘 빼내는 것이다. 그러기 위해 필수적인 것은 한일이 상대국을 신용할 수 있는 국가로 생각할 수 있는지의 여부이다. 국가를 신용하는 것은 추상적인 개념으로서의 국가를 신용할 수 있는가 하는 문제가 아니다. 그 국가를 구성하는 지도자를, 국민을, 사람을 믿을 수 있는가 하는 문제이다. 아베 정권은 지금 제대로 스타트를 끊고 있는 듯이 보인다. 시마네 현의 '다케시마의 날'을 국가 차원으로 삼지 않은 것도 좋다. 누카가 후쿠시로額賀福志郎 특사를 파견하여 조속히 박 대통령과 회담한 것도 좋다. 야치 쇼타로 고문이 말하듯이 한일 관계를 정비를 목표로 2015년에는 화제를 만들어가는 것도 좋다. ■

그러한 접근법에서 상대를 신뢰할 조건이 생겨나며 거기서부터 독도 공존의 지혜가 반드시 생길 것이라고 확신한다.

■ 대담 : 야치 쇼타로 대 고토 겐지, 「다시 시험받는 아베 외교」, 『중앙공론』 2013년 2월호, 104쪽.

북방영토 문제
역사적 기회를 만나다

협상의 경위

일본인에게 현재까지 가장 피부로 와 닿는 영토 문제는 러시아를 상대로 한 구나시리国後, 에토로후択捉, 하보마이歯舞, 시코탄色丹의 4도島의 귀속 문제였다. 일본인에게 영토 문제라고 하면 북방영토라고 할 만큼 그것은 중대한 문제였다. 나는 외무성 생활 34년 가운데 거의 절반에 해당하는 17년을 소련과 러시아 관계 업무를 맡았다. 그래서 나에게 이 문제는 단순히 직업의 일부가 아닌 내 인생의 일부로 여겨진다. 2002년 외무성을 퇴직하고, 6년 동안 외국 생활을 한 뒤 일본으로 돌아와 처음 출판한 책도, 북방영토 협상이 나에게 어떤 의미였나를 기록한 『북방영토협상비록 – 잃어버린 5번의 기회北方領土交渉秘録-失われた五度の機会』(2007, 증보문고판 2011)였다.

북방영토 협상에 관한 2012년 외교 실패의 의미와 향후 협상의 전망에 대해 쓰기 전에, 반세기 전으로 돌아가 협상 경위에서 중요한 부분을 되짚어보고자 한다.

북방영토 문제는 태평양전쟁 종결기인 1945년 8월부터 9월에 일어난 소련의 조약 위반, 잔학 행위, 영토 확대에 대한 국민적 분노의 결과로 남은 것이다. 영토 문제의 구체적인 모습은 냉전하 미소 대립의 영향을 계속 받는 가운데 샌프란시스코평화조약(1951), 일소공동선언(1956) 두 개의 조약문서를 통하여 형성되었다.

협상이 본격화된 것은 소련에 고르바초프M. Gorbachev 서기장이 등장한 1985년 이후이고, 그 후 28년의 세월이 흘렀다. 그사이 일본과 러시아 당국들은 여러 가지 노력을 하여 네 섬의 주권 문제를 직접 상정하는 세 가지 합의를 이루었다(아래 표). 일본과 러시아 양쪽에서 나온 여러 가지 타협안들이 난무했지만, 구체적인 합의에 이르지 못했다.

2001년 이르쿠츠크에서 전후 일러 협상상 처음으로 1956년의 일소공동선언(하보마이·시코탄의 인도를 규정)과 1993년 도쿄선언(구나시리·에토로후의 4도의 협의를 규정)이 다시 한 번 확인되었다. 그것이 의미하는 바는 '1956년 선언에 기초하여 하보마이, 시코탄은 인도하고 구나시리, 에토로후를 어떻게 할 것인지에 대해서는 지금부터 논의해 봅시다'라는 것이었다.

냉전 후 북방영토 협상의 세 가지 합의

	구나시리·에토로후에 대해 협상의 대상으로 합의한다	하보마이·시코탄에 대해 1956년 선언을 확인한다	구나시리·에토로후에 대해 실질 합의를 한다
1991년 가이후·고르바초프 성명	합의	고르바초프 거부	–
1993년 도쿄선언(호소카와·옐친)	합의	옐친 간접 합의	–
2001년 이르쿠츠크 성명(모리·푸틴)	합의	합의	협상 개시

협상은 2001년까지 추진된 다음 고이즈미 준이치로小泉純一郎 내각 성립 후 일본 측의 정치적 혼란으로 중지되고 말았다. 당시 외국에 있었던 나는 이제 협상이 물 건너가나 했지만 그렇지는 않았다. 아베 신조安部晋三, 후쿠다 야스오福田康夫, 아소 다로麻生太郎, 그리고 하토야마 유키오鳩山由紀夫 등 4대 내각에 걸쳐 협상은 재개되었다. 그 지렛대의 하나가 된 것이 2006년 12월 제1기 아베 내각 때에 아소 외무대신이 국회심의에서 시사한 '면적등분론面積等分論'이라는 아이디어였다.

2009년은 중요한 전환점이 되는 해였다. 2월에 사할린에서 아소·메드베데프 회담이 열렸고, 5월에는 푸틴 총리가 일본을 방문하여 모리 요시로森喜朗 전 총리, 아소 총리와 회담하고, 7월에 열리는 이탈리아 라킬라 정상회의가 협상 과정에서 매우 중요한 회의가 될 것임을 시사했다. 그러나 5월 국회심의에서 아소 총리가 진술한 '러시아가 4도를 불법점거했다'는 발언에 대해서 메드베데프는 협상이 한창 진행될 때 나온 공갈 발언으로 해석했고, 그 결과 라킬라 정상회의는 아무런 성과도 없이 끝났다.

이 같이 기회를 놓쳤음에도 불구하고 일소 관계를 정상화한 하토야마 이치로의 손자 유키오가 정권 교체를 통해 총리에 취임하였고, 이에 따라 협상 재개에 대한 기대가 양국에 무르익었다. 그러나 안타깝게도 11월 스즈키 무네오鈴木宗男 의원의 질문서에 대한 회답 과정에서, 2009년 봄 아소 총리의 발언이 협상 파탄의 계기가 된 것처럼 이번에도 '불법점거'라는 말이 다시 언급되면서 북방영토 협상은 일단 막을 내렸다.

이렇게 2010년은 최악의 해였다. 7월 하바로프스크에서 아시아·태평양 여러 국가와의 협력을 모색하는 회의에서 메드베데프 대통령과 함께 참석한 라브로프Sergey Viktorovich Lavrov 외무장관은 아시아·태평양 국가들과의 향후 협력에 대해 연설하는 도중 거의 모든 역내 국가를 언급하면서 일본은 한 차례도 언급하지 않았다. 일본 언론과 외무성은 이 굴욕을 무시했다. 이어 11월 메드베데프 대통령이 러시아의 정상으로서 처음으로 구나시리를 방문하자, 일본에서는 러시아가 일본에 대한 무신경한 도발을 한다는 격앙된 보도가 줄을 이었다. 이러한 상황에서 일본은 협상을 재개할 어떠한 지렛대도 없다는 것이 백일하에 드러났다. 일본 언론들은 전 북방영토 도민들의 분노와 눈물, 그리고 국민의 분노를 보도했다. 그러나 그 분노가 아무리 진정한 것이라 해도, 외교가 감정에 치우친다면 러시아뿐 아니라 세계의 냉소를 살 뿐이다. 이후 2011년 2월, 이 방문을 '용서하기 힘든 폭거'로 비난한 간 나오토管直人 총리의 발언으로 양국 관계는 나락으로 떨어지고 말았다.

그리고 이즈음부터 미묘한 변화가 시작되었다. 3·11에 대한 러시아 여론은 극히 따뜻했고, 푸틴 총리의 입김으로 복구 협력 신청이 줄을 이었다. 더욱이 2011년 9월 푸틴 총리가 '통일러시아당' 소속으로 이듬해 대통령 선거에 출마하겠다고 선언한 시점부터 일본에 대한 러시아 매스컴의 태도는 일변했다. 일본 측의 신경을 거스르는 기사가 뚝 끊어지고, 관계 발전을 희망하는 내용이 늘어나기 시작한 것이다.

푸틴의 속내

푸틴의 재출마에 따라 러시아의 대일 정책이 본격적으로 재검토되었고, 그것이 큰 기회가 될지도 모른다는 당시의 분석이 맞아떨어졌다. 단, 푸틴이 보낸 신호는 내가 예측하던 것보다 빨리 왔다. 2012년 3월 1일 푸틴이 대통령에 선출되기 3일 전, 주요국 정상회의(G8서미트) 참가국의 기자들이 모인 기자회견이 열렸다. 이 회견은 정말 재미있었다. 일러 관계에서 회자되던 이야기 중에서 오랜만에 다양한 것을 생각하게 만드는 문서를 접했다. 와카미야 요시부미若宮啓文『아사히신문』주필은 영토 문제부터 파고들지 않았다. 러시아의 미래상으로, '유라시아'주의에서 시작하여 아시아·태평양 지역의 중요성과 이번 가을 블라디보스토크에서 열리는 APEC정상회의라는, 푸틴이 가장 관심을 가진 화제부터 시작했다. 이에 대해 푸틴은 "당신이 영토 문제를 언급하지 않는 정중한 대응을 해주니, 나는 영토 문제를 언급하는 정중한 대응을 하지 않을 수 없다"고 받아치며, 스스로 영토 문제 해결과 경제 교류의 중요성을 강조했다. 그는 "이기거나 지거나 어느 것도 목표가 될 수 없다. 승리를 달성할 필요는 없다. 받아들일 수 있는 타협이 되어야 한다. '무승부' 같은 것이다"라고 발언한 것이다. 푸틴은 또한 56년 선언으로 돌아갈 용의가 있다는 뜻을 명확히 하면서, 그 해석에 대해 언급하였다. 이에 대해 와카미야가 일본에게 '무승부'는 2도로는 불충분하다고 되받아치자, 푸틴은 파안대소하며 "당신은 외무성에서 일하고 있지 않고, 나도 아직 대통령이 아니다"라고 한 다음 "내가 대통령이 되면 우리들은 한편으로 우리(러시아) 외무성을 소집하고, 다른 한편에 일본 외무성을 초청하여, 그들에게 '협상을 시작해!' 하고 명령을 내리겠다"고 말한 것이다.

이는 대통령 선거 전의 푸틴에게 들을 수 있는 더 이상은 기대하기 어려울 만큼 최고의 발언으로 이해해야 될 것이다. 일본 측은 2001년 이르쿠츠크 합의를 스스로 어겼고, 그 후 아베, 후쿠다, 아소, 하토야마 4대에 걸쳐 스스로 기회를 걷어찼다. 결국 2009년 11월부터 2012년 3월까지 아무것도 하지 못했다. 2년 반의 허송세월 뒤에 러시아가 일방적으로 10년 전으로 되돌려 다시 한 번 협상해 보자고 제안한 것이다. 왜 그들은 일본에게 좋은 조건을 제시해 온 것일까. 유도 때문에 일본을 좋아하기 때문일까, 아니면 일본인의 눈물과 분노에 감동해서일까. 그러한 감상주의를 푸틴이 갖고 있었을 리 없다. 새로운 대통령으로서 러시아의 이익을 위해 일본을 이용할 수 있다고 생각했기 때문이다. 푸틴 신임 대통령은 무엇을 하려고 하는 것일까? 푸틴이 생각하는 국가목표는 '강한 러시아'를 만드는 것이다. 경제에서도, 군사에서도, 그리고 지정학적 위치에서도 후세를 위해 안정적인 러시아를 만드는 것은 대통령으로서 당연한 일이다. 그것을 유라시아 국가로서, 유럽도 아시아도 아닌 독자적인 '러시아 공간' 또는 '유라시아 공간'을 만듦으로써 실현할 수 있다. 이를 위해서는 우선 강한 경제가 필요하다. 또 이를 위해서는 에너지의 안정적 수출이 필요하다. 세계의 에너지 시장은 미국의 셸 오일, 셸 가스 개발이 지배하고 있어 전통적 에너지 수출국인 러시아의 지위가 위협 받고 있다. 유럽으로 가는 천연가스망이 거의 완성된 지금, 아시아·태평양에서의 안정적 수출처, 특히 원자력이 파탄 난 일본에 안정적으로 천연가스를 공급하는 것에 러시아는 긴박한 중요성을 갖기 시작한 것이다. 경제면에서 러시아의 또 하나의 목표는 탈에너지·부가가치 경제의 수립을 통한 독립 경제 공간을 만드는 것이다. 일본이 가진 또 하나의 장점은 이를 위한 기술협력이다.

그러면 천연가스 공급처로서 왜 러시아는 중국과 전면적으로 손을 잡지 않는 것일까? 여기에 러시아를 이해하는 가장 큰 열쇠가 있다. 일본에게 그렇듯이 중국의 대두는 러시아에게도 중요한 문제일 것이다. 러시아는 육지로 이어진 국경을 안고 있고, 중러 국경은 러시아 경제가 가장 약한 극동과 동시베리아에 접하고 있다. 러시아인의 수가 계속 감소하고 있는 이 지역에 중국의 막대한 인구 압박이 닥쳐오고 있다. 중국의 성장 속도는 러시아가 아무리 노력해도 러시아보다 웃돈다.

러시아의 대중국 정책은 두 가지이다. 하나는 절대로 중국과 싸우지 않는 것이다. 모든 측면에서 중국과의 관계 강화를 가능한 한 세상에 크게 알린다. 또 하나는 중국 주변에서 사이좋게 지낼 수 있는 국가와 전략적인 제휴를 맺어가는 것이다. 그 관점에서 푸틴이 처음으로 선택한 나라가 일본이었다. 왜 일본일까? 에너지를 공급하고 기술력을 얻는다는 목적에 더해, 역설적으로 들릴지도 모르지만 북방영토 문제 미해결이라는 점을 들 수 있다. 러시아 대통령에게 국경선 획정은 아주 중요한 과제이다. 현재 러시아가 국경선을 획정할 수 없는 상대는 일본뿐이다. 옛 소련 구성국들 및 중국, 노르웨이와 국경선을 획정하고, 마지막 미해결 과제인 일본과의 국경선을 획정하여 일러 관계를 안정시키고, 러시아가 아시아·태평양에서 안전보장상의 입지를 강화한다는 것은 러시아 대통령에게 참으로 이치에 맞는 목표이다.

그러나 시간이 얼마 남지 않았다. 대통령 임기 후반에 들어간 푸틴에게는 더 이상 시간이 없다. 이번 6년 임기 안에 성공을 거두고 재선을 거쳐 다시 6년, 이를 통해 역사에 남을 대통령이 될지 아니면 성공의 과실을 얻지 못하고 불명예스런 퇴진으로 물러나게 될지 하는 갈림길에 서 있다. 러시아 내에는 일종의 폐색감, 답답함이 있고, 이에 대해 푸틴은 정면으로 대처해야 한다. 그는 공평성과 투명성 있는 정치를 할 수밖에 없다. 그러므로 푸틴에게는 대담한 정책 승리가 필요한 것이다. 나는 2012년 3월 푸틴 회견을 들었을 때, 러시아가 기다릴 수 있는 것은 반 년에서 1년이라고 생각했다.

아베 총리의 러시아 외교

만약 그렇다면 푸틴이 시작 명령을 내리겠다고 한 2012년 3월 4일부터 외무성은 그 전력을 규합하여 작업 팀을 만들어 경제 문제와 영토 문제에 대한 안건을 만들고 있었어야 하지 않을까? 그러나 언론 보도를 보면 당시 아무런 움직임도 없었다. 노다 총리에게 그러한 안을 만들 지도력을 기대하는 것은 현실적이지 않았다. 그러나 프로이면서 전문가인 관료들은 총리가 소비세와 사회보장에 대한 개혁에 모든 정력을 기울이고 있는 사이, 세계 정세와 상대국에 대한 분석을 기초로 지금 일본이 취해야 하는 안을 입안하는 것은 당연히 가능한 일일 것이다. 이러한 일은 관료가 마땅히 해야 할 의무이며 이는 바로 국민의 염원일 것이다.

2012년 3월부터 3개월이 지난 시점에서도 일본 측에는 어떠한 창조적인 준비도 되어 있지 않았다. 그해 6월 멕시코 로스카보스Los Cabos에서 열린 G20에서 일러 정상회담은 응당 보았어야 할 성과를 올릴 수 없었다. 로스카보스 회담에서의 패배는 결국 2012년 7월 메드베데프 총리의 구나시리 섬 방문으로 이어졌다고 해도 좋을 것이다. 2012년 영토 문제를 둘러싼 외교 패배의 명확한 증거가 또 하나 더해졌다. 통한의 심정으로 나는 텔레비전 화면을 보았다. 그렇지만 여전히 푸틴이 제안한 기회의 창은 닫히지 않았다. 3월부터 반년 후인 9월 블라디보스토크에서 열린 아시아태평양경제협력회의APEC에서 놀랄 만한 일이 두 가지 일어났다.

하나는 푸틴 대통령이 노다 총리에게 연내에 러시아를 방문하도록 권유한 일이다. 모든 정보를 종합하면, 노다 총리 쪽에서 방문을 희망했다고 하기보다 푸틴 쪽에서 먼저 제안이 온 것 같다. 또 하나는 'APEC 준비 활동을 한 500명의 러시아인 청년 자원봉사자들의 노고를 치하하고 싶으니, 일본에 며칠 간 초대해 주지 않겠는가' 하고 제안한 일이다. 정부는 재빨리 움직여 그 자리에서 비자를 내주고 러시아 청년 500명의 일본 선박여행을 실현시켰다고 한다.

왜 러시아는 일본을 선택한 것일까? 한국이라면 기꺼이 러시아 청년을 받아들이고 파격적인 대우를 해주었을 것이다. 2010년 7월의 라브로프 연설에서 러시아 협력국으로 맨 위에 있던 것은 한국이다. 그 점은 중국으로서도 별 이의없이 받아들였을 것이다. 그런데도 청년 초청 메시지를 보낸 것은 러시아가 일본에 주목하고 있다는 신호를 눈에 띄지 않는 형태로 보낸 것이라고 해도 좋을 것 같다.

중국과의 관계가 결정적으로 악화된 블라디보스토크 APEC 회담이 러시아 미소 외교의 가장 상징적인 장이 된 것은 결코 우연이라고는 할 수 없을 것이다. 중일 관계가 나빠질수록 러시아는 일본에 대해 온건한 대응을 보였다. 그것은 특별히 일본이 좋아서라기보다 지정학적인 전략의 당연한 결과라고 할 수 있다. 이렇게 하여 10월에는 파트루셰프N. Patrushev 안보서기가 천연가스, 석유, 원자력 관련 간부들을 데리고 일본, 한국, 베트남을 순방했다. 일종의 '중국 포위망 구축 여행'인 셈이었다.

11월 초에는 러시아에 대한 초당파 외교정책을 상징하는 모리 요시로森喜朗 전 총리의 방문 일정도 정해져 있었다. 당시 러시아에서는 아나톨리 세르듀코프Anatoly Serdyukov 국방장관, 니콜라이 마카로프Nikolay Makarov 참모총장의 해임 등 부패와 이권이 얽힌 정쟁이 시작되었다. 일본에서도 11월 16일 노다 총리가 자진하여 중의원을 해산하였다. 이리하여 일러 관계의 재설정이 후임인 아베 신조 총리에게 위임된 것이다. 일러 관계의 관점에서 보면 아베 총리의 취임은 아주 좋은 뉴스이다. 러시아 측이 아베 총리에게 관심을 가지는 세 가지 이유가 즉시 떠오른다.

우선 아베 총리의 아버지인 아베 신타로安部晋太郎 전 외무대신과 고르바초프 대통령과의 우정이다. 아베 신타로는 1986년 고르바초프가 등장하여 시작한 '신사고新思考 외교'의 기수인 셰바르드나제Eudard Shevardnadze 외무장관이 처음으로 일본을 방문했을 때 외무대신으로서 일소 관계 개선의 첫 페이지를 열었다. 그 후 그는 정부 간 협상에 약간의 정체가 있던 1990년 소련을 방문, 양국 관계의 심화 확대를 지향하는 아베 8항목을 제안하였고, 소련 측은 이를 높이 평가했다. 그러나 아베 신타로는 암에 걸리고 말았다. 1991년 고르바초프 대통령이 일본을 방문했을 때 휠체어로 환영 리셉션에 나가 오랜 교분을 확인한 것이 그의 마지막 공식 행사였고, 그 후 그는 바로 세상을 떠났다. 러시아에서 일러 관계의 역사를 아는 사람 모두가 공감하는 기억이다.

다음으로, 제1기 정권 시절에 나온 경제협력 제안이 있다. 2007년 6월 독일의 하이리겐담에서 열린 G8 정상회의에서 아베 총리는 푸틴 대통령에게 '극동·동시베리아 지역에서의 일러 간 협력 강화에 관한 이니셔티브'를 제안했다. 이는 협력의 기본 방향을 제안한 것으로 구체성은 아직 걸음마 단계였지만, 이것이야말로 푸틴 대통령이 가장 중점을 두고 추진하려고 하는 경제 정책의 전조라고 볼 수 있을 것이다.

그리고 또 한 가지, 아베 제1기 정권 때에 놀랄 만한 일이 일어났다. 2006년 12월 13일 아소 외무대신이 중의원 외무위원회에서 "섬의 면적도 고려하지 않고 2개 섬이다, 4개 섬이다, 3개 섬이다 하는 것은 말이 되지 않는다. 현실 문제에 입각해서…협상해야 한다"는 놀라운 답변을 한 것이다(『마이니

치신문每日新聞』 2006년 12월 14일).

영토 해결을 면적으로 분할하여 고려하는 안은 내가 외무성에서 근무하고 있던 동안에는 없던 안이었다. 만약 이 해결책이 아베 총리의 의향과 다른 것이었다면, 총리 스스로 궤도 수정을 할 터이다. 또 이것이 외무성 실무진의 방침과 부딪힌다면, 사무차관인 야치 쇼타로谷內正太郎가 뭔가를 할 것이었다. 그러나 아베 총리가 면적 분할론을 철회하는 일은 없었고, 야치가 차관을 사임하는 일도 없었다.

물론 러시아가 이 안에 응한다는 보장은 없다. 하지만 러시아 측이 아베·아소·야치라는 팀이 가진 유연성에 착안한 것은 틀림없다고 생각한다. 그러한 좋은 조건에서 출발한 아베의 대러시아 외교는 부드럽게 출발한 것 같다. 적어도 아직은 말이다. 2012년 12월 28일 이뤄진 아베·푸틴 전화 회담은 호흡이 맞는 대화로 시작하였다. 아베 총리가 "쌍방이 수용가능한 해결책을 찾아내는 노력을 하고 싶다"고 강조한 데 대해, 푸틴 대통령은 "평화조약에 관한 작업이 더 활발하게 되도록 각각의 외무성에 지시할 필요가 있다"고 응답했다고 한다(『교도통신』 2012년 12월 28일). 2월 중순에는 현안이었던 모리 요시로 전 총리의 러시아 방문도 결정되었다.

4도 일괄 반환의 가능성

순조로운 출발을 끊었다고는 해도 아베 내각에 남은 시간은 길지 않다. 푸틴 정권 성립 이래 1~2년의 시간이 무의미하게 지나간 것은 부정할 수 없다.

만약 새 정권이 다시 우물쭈물하고 있다가는 푸틴 측에서 "나는 기다렸습니다. 그러나 결국 일본은 협상할 마음이 없는 것이군요" 하고 말을 꺼낼지 모른다. 일본이 마음이 없다면, 러시아는 다른 나라와의 관계 강화로 바로 방향을 돌려 버릴 것이다.

예를 들면, 러시아와의 관계를 강화하고 싶은 한국이 있다. 동아시아에서 자국의 지정학적 입장을 강화하기 위해서라도, 또 역사 문제와 영토 문제로 대립하는 일본에 대항하기 위해서라도, 러시아에 사는 한국계 러시아인의 기대에 부응하기 위해서라도 한국은 적극적으로 나설 것이다. 동아시아의 전통적인 우호국 베트남이나 냉전 시대 소련의 아시아 최대 우호국이었던 인도도 러시아에게는 전략적 협력 강화의 대상이 될 것이다.

아베 정권의 대러시아 신정책의 핵심은 두 가지이다. 경제를 축으로 하는 양국 관계 발전의 구체안을 만드는 것과 영토 문제를 상호 양보하여 해결할 구체안을 만드는 것이다. 외무성을 중심으로 촌각을 다투어 이 안을 만들어 내는 일에 앞으로 협상의 성공 여부가 달려 있다.

마지막으로 그렇다면 어떤 안이라야 일러 쌍방이 '무승부'로 여길 수 있을까? 이 안의 작성에 책임을 져야 할 사람은 그렇게 많지 않다. 외무성에는, 러시아와의 협상 전면에 서는 사람들로 사이키 아키타카齋木昭隆 정무담당 외무심의관, 고즈키 도요히사上月豊久 유럽국장, 이시이 마사후미石井正文 국제법국장들이 있다. 총리관저에는 야치 쇼타로 고문과 가네하라 노부카쓰 관방부장관보가 있다. 전화 한 통으로 의사소통이 가능한 이 사람들이 고민해봐야 할 '무승부' 안이란 어떤 것이 있을까?

협상이 시작된다면, 그들의 지혜와 용기에 기대를 걸고 싶다. 단, 한 가지 말해 두자면 '4도 일괄 반환'은 실현되지 않을 것이라는 점이다. 일본 정부는 소련이 붕괴하고 러시아 연방이 성립된 1991년 10월 나카야마 다로

中山太郎 외무대신의 소련 방문에서 "주권 문제가 해결되면 반환의 시기나 양태에 대해서는 유연하게 고려한다"는 양보안을 제안하였다. 엄밀하게 말하면, 현재까지 이것이 정부의 공식적인 입장이다. 이 관점에서 '4도 일괄 반환'이라는 물리적으로 4개의 섬이 한 번에 반환되는 안은 사라진 것이다. 하지만 주권에 관한 한 '4개 모두' 곧 '4도 일괄'을 지향하려는 생각은 변함이 없다. 하지만 이는 아무래도 이루기 어렵다.

왜 4도 일괄 안을 받아들이는 것이 러시아에게 있어 힘든 일일까? 그것은 이 협상에 대한 일러의 입장에 근본적인 차이가 있기 때문이다. 일본 측에서 보면, 카이로선언과 포츠담선언에서 천명된 영토 불확대 원칙에 서면, 적어도 치시마千島 섬 전체를 방기放棄할 까닭이 없다. 그것을 무리하게 방기하도록 강요된 이상, 1855년 일러통호조약에서 일본령으로 된 4도의 회복은 '최저한'의 요구사항이 된다.

러시아 측에서 보면, 전후 일소 간 영토 협상은 샌프란시스코조약에서 '치시마 열도千島列島'를 방기한 일본에서 시작한다. 거기에 이르는 '경위'가 어떠한 것이었든, 일본이 전쟁에 지고 전후 세계에 복귀할 즈음 조약상 일단 방기한 장소에 대해서 '본래 자신은 방기할 생각이 아니었다'고 하는 것을 협상의 기본논리로 삼는 것은 국제사회에 통하지 않는 핑계일 뿐이다. 샌프란시스코조약에서 일본이 구나시리·에토로후를 방기했다는 사실에 눈감아 주었다고 하더라도, 4도 요구는 일본의 '최대한' 요구사항이 된다. 일본이 '최저한'의 요구를 관철시키려고 하면, 러시아는 일본의 '최대한' 요구사항에 굴하게 되어, 협상상 완패가 된다. 러시아로서는 그것만큼은 할 수없다. 일본 정부는 4도 일괄 반환을 실현하면서도 러시아에게 줄 궁극적인 양보안으로서 "북방4도의 북쪽에 국경선을 긋고 당분간 러시아의 시정을 인정한다"는 가와나川奈 제안을 냈다(1998년 4월 19일).

그러나 이 안을 이해한 것은 옐친 당시 대통령뿐이었고, 옐친의 건강과 권위 실추로 이 안은 영향력을 잃고 말았다. 2000년 9월 공식 방문 때, 푸틴 대통령은 명확히 NO라고 회답했다.

최근 러시아가 "완패만큼은 할 수 없다. 4도 일괄만은 수용할 수 없고 그 밖의 가능한 양보를 한다"는 놀라운 입장 표명을 했다.

존재하지 않는 비밀제안

1991년 러시아에서는 소련이 해체되고 러시아 연방이 성립하여, 나라의 면적의 4분의 1과 인구 절반을 잃었다. 반면 일본은 거품 경제에 그늘이 드리워졌다고는 해도 한창 때를 달리고 있었다. 일본이 가장 강하고, 러시아가 가장 약했던 그 시대, 러시아인들의 국가 만들기 비전은 민주주의 아래에서 시장경제를 이룩하는 일이었다. 일본의 부가가치가 가장 높았던 그때 러시아가 제시해 온 타협안이 있었다. 1992년 코지레프Andrei Kozyrev 외무장관 시절의 '존재하지 않는 비밀제안'이다. '존재하지 않는 비밀제안'이기 때문에 지금까지 그 내용은 밝혀지지 않았다. 하지만, 이 책을 쓰고 있는 도중에 그 내용을 공표하지 않을 수 없는 사태가 일어났다.

1991년 여름으로 돌아가 당시 소련은 아직 소멸하지 않았고, 신생 러시아의 지도부는 일본에 혁신적인 관계 개선의 신호를 보내기 시작했다. 그 신호 속에는 물론 영토 문제 해결이 포함되어 있었다.

일본 정부의 반응은 빨랐다. 그해 가을, 나카야마中山 외상이 유엔에서 일러·일소 5원칙을 표명했다.[■] 또한 25억 달러의 대소련·러시아 지원을 결정하고, "주권만 해결한다면 반환의 시기와 양태는 유연하게"라는 최초의 영토 양보안을 제안하는 등 새로운 정책을 잇달아 내놓았다. 연말에 소련이 붕괴하고 신 러시아 연방이 성립하자, 이번에는 러시아가 움직였다. 1992년 3월, 코지레프 외무장관이 일본에 와서 와타나베 미치오渡辺美智雄 외상에게, '존재하지 않는 비밀제안'을 제시했다. 내용은 예상을 뛰어넘는 것이었다. 하지만 일본은 이 안을 협상의 기초로서 수용하지 않았다. 당시 나는 이 비밀제안 건을 실시간으로 알 수 있는 자리에 있지 않았다. 1988년 7월부터 1991년 말까지 소련과장을 지낸 뒤 워싱턴대사관에서 근무하고 있었기 때문이다. 이 제안에 대해 알게 된 것은 꽤 시간이 흐른 뒤였는데 정말 놀랐다.

이 건은 어디까지나 비밀사항이었고, 이 만큼 대담한 제안을 한 러시아 측 관계자를 보호해 주는 의미에서도 공개할 수 없었지만, 한편으로 이 사실을 모른 채 1990년대의 일러평화조약 협상의 본질을 이해하는 것은 완전히 불가능하다고 생각했다. 따라서 『북방영토협상비록』에서도 그 제안의 무게를 어떻게 글로 표현할까 고심했다.

이런 조건하에서 그래도 상황을 타개하려고 한다면, 일본이 주장하는 '평화

[■] ① 소련의 개혁에의 연대와 지지를 표명하고, 지원을 강화·확대한다. ② 러시아공화국과의 다면적 협력을 비약적으로 확대·강화한다. ③ 개방된 소련을 아시아·태평양 지역에 받아들이기 위해 협력한다. ④ 소련의 IMF·세계은행 등과의 협력관계 확대를 지지한다. ⑤ 가장 중요한 문제로서, 법과 정의에 근거하여 하루라도 빨리 영토 문제를 해결하고 평화조약을 체결해, 양국 관계의 개선을 도모한다(『북방영토협상비록』 문고판, 208쪽).

조약은 4도의 귀속을 해결하고 나서'라는 것을 존중하면서, '56년 선언의 확인'을 출발점으로 하여, 얼마간의 타협을 도모하는 수 밖에 없다. 즉, 러시아도 양보하지만, 동시에 일본도 양보하여, 결과적으로 쌍방에게 타개책이 될 안을 탐색하지 않을 수 없다(『북방영토협상비록』, 218~219쪽).

누군가가 이 러시아 제안을 다 해독하지 않을까 하는 생각으로 이 부분을 썼다. 그러나 결국 그런 사람은 한 명도 나타나지 않았다. 그런데 2012년 12월 전혀 예상하지 못한 사태가 벌어졌다. 『홋카이도 신문北海道新聞』의 혼다 료이치本田良一 기자가 비밀제안의 기안자인 쿠나제Georgiy Kunaze 러시아 외무차관(당시)을 취재하였다. 차관은 그가 제안했다는 사실과 그 개요를 망설임 없이 이야기했고, 그것이 12월 24일의 『홋카이도 신문』에 실린 것이다.

하지만 쿠나제의 말에는 일본 측 입장에서 보면 결코 간과할 수 없는 심각한 오류가 있었다. 누군가가 오류를 바로잡지 않으면 잘못된 정보가 본의 아니게 확산될 우려가 있었다. 그렇게 되면 일러 협상에서 지금 일본이 처한 곤경을 국민들이 정확하게 이해할 수 없게 된다. 외무성은 제안을 확인할 위치에 있지 않기 때문에 '노코멘트'라고 밝힐 수밖에 없다. 숙고 끝에 신뢰할 수 있는 친구의 의견을 듣고, 제안의 가장 중요한 점을 명확하게 기억하는 내가 언론을 통해 정확한 사실을 밝히기로 했다. 1월 8일자 『산케이 신문』 기사는 그러한 경위로 실리게 되었다. 제안의 요점을 정리하면 다음과 같다.

① 56년 선언에서 인도가 결정된 하보마이·시코탄 2도에 대한 인도 협상을 우선 시작한다.

② 합의에 이르면, 법적으로 2도가 일본으로 인도되는 협정을 체결한다.

③ 이를 본 딴 형태로 구나시리·에토로후에 대한 협상을 추진한다.

④ 이에 합의하면 4도 문제를 해결하는 평화조약을 맺는다.

56년 선언에는 하보마이·시코탄을 평화조약 체결 후에 인도한다고 쓰여 있다. 평화조약 없이 일본에 인도한다는 참으로 놀랄 만한 양보안이었다. 물론 일본이 양보하는 부분도 있었다. 그 후에 구나시리·에토로후에 대해서 협상하여 4도를 해결하는 평화조약을 맺는다는 것인데, 즉 해결이 '4도 일괄'이 되지 못하고, 하보마이·시코탄이 인도되는 시점에서, 구나시리·에토로후 반환을 법으로 보장하지 않은 점이다. 그런데 쿠나제가 설명한 것은 사실과 달랐다. ③과 ④의 순번이 바뀐 것이다. 쿠나제는 ①과 ②에서 하보마이·시코탄 인도에 합의한 후, '우선 평화조약을 체결하고, 구나시리·에토로후는 그 후 협상하여 합의되면 인도 조약을 맺는다'고 순서를 바꾸어 설명한 것이다.

사실과 다르게 설명한 쿠나제의 의도는 모르겠으나, 어쨌든 사실을 아는 사람이 책임지고 이 잘못을 바로잡아야 한다고 생각했다. 내가 알기로 상호 양보의 형태라고는 해도, 러시아 측의 양보가 압도적이다. 확실히 구나시리·에토로후 인도에 절대적 보장이 있는 것은 아니다. 그렇게 되면, '2도'로 끝나 버린다. 하지만, 설령 그런 바람직하지 않은 사태가 일어났다고 하더라도 일본은 '4도 문제를 해결하고 평화조약을 맺는다'고 하는 국민에게 일치된 정책 목표를 완벽하게 견지하면서 이른바 하보마이·시코탄을 선취하는 셈이 된다.

왜 이와 같은 안을 일본 측이 수용할 수 없었는가? 결국 그것은 '4도 일괄

타결'에 너무 구애되고, 러시아가 하보마이·시코탄만 주고 끝내 버리는 것이 아닐까 하는 러시아에 대한 불신, 조금 더 밀어붙이면 러시아가 포기할 것이라는 상대 심리에 대한 무지, 자신의 협상력을 과대평가한 오만, 이런 것이 혼합되어 나온 치명적인 판단 착오가 아니었을까. 아무튼 이러한 것이 러시아 측의 제안을 수용하지 않는 배경이 되었고 결국 1992년 가을에 예정되어 있던 옐친 대통령의 일본 방문이 성사 직전에 무산되는 사태를 겪었다.

일본에 남아 있는 선택

20여 년 전에 일어난 이 불행한 협상 경위에서 우리들이 이끌어낼 수 있는 결론은 하나이다. 러시아의 국력이 가장 낮고 일본의 국력이 가장 높았을 때, 러시아가 한계에 다다른 타협안을 제시하기는 했지만, 자기들의 완패를 의미하는 '4도 일괄'만큼은 아무래도 동의할 수 없었다는 사실이다.

　　그 후 다양한 평가가 있었지만, 러시아는 점차 국력을 회복하고, 일본은 역으로 버블 붕괴 후 헤이세이平成 표류로 국력이 점차 떨어져 갔다. 조약 협상은 최종적으로는 나라와 나라 사이의 힘 관계의 반영이다. 지금 러시아가 '4도 일괄'안을 받아들일 가능성이 있을까? 불가능하다고 본다. 지금 아베 정부와 일본 국민은 중대한 기로에 서 있다고 생각한다.

　　또 하나의 선택은 일본이 세운 정의의 깃발을 세계에 과시하고, '최저한'의 요구인 4도 반환이 타협 없이 일괄적으로 실현될 때까지, 몇 년이 걸리더라도 주장을 계속하는 것이다. 68년 전 일본 민족이 받은 고통으로 인해,

그러한 고통을 준 러시아에 대한 불신감이 있다면, 이 생각에는 그 나름의 이유가 있고, 이러한 의견은 일본 각계에 아직 뿌리 깊다.

또 하나의 선택은 지금과 같이 푸틴의 대일 관심이 지대한 동안 신속 과감하게 행동하여, '2도(하보마이·시코탄)+α(구나시리·에토로후)'라는 형태로 나누는 안으로 협상하여, 전후 계속된 이 과제에 결론을 맺는 것이다.

1992년 협상 실패 뒤에도 일본 측은 외교 실패를 되풀이했다. 하보마이·시코탄과 구나시리·에토로후를 병행하여 협상하려는 모리 총리의 제안이 실현될 것 같았던 2001년 일본 정부는 이르쿠츠크 합의에서부터 사실상 스스로 발을 뺐다. 아소 외무대신이 국회에서 시사한 면적 등분론을 계기로 협상이 활성화된 2006년부터 2009년에도 상대를 격노케 하는 대응을 반복하여 협상의 기초를 망가뜨렸다. 과거의 실패는 현재에 반드시 결과를 남긴다. 그래도 지금이라면 '2도+α'의 형태로 합의할 수 있을 것이다. 세 번의 외교 실패로 α는 상당히 작아졌지만, 그것이 결코 0은 아니다. 그러나 만약 아베 정권도 실패하면 장래에 그것은 0이 될 거라고 내가 접하는 모든 러시아 소식통들은 말한다. 푸틴만큼 일본과 뭔가 해보려는 대통령은 앞으로 나오기 힘들 것이기 때문이다. 물론 협상 과정에서 나올지도 모를 '지금까지 생각지도 못한 창조적인 안'으로 쌍방이 수용할 수 있는 것이 있다면, 어떠한 안도 배제할 필요가 없다. 국민 모두가 고민해 봤으면 한다. 해결의 선택을 하지 않고, 정의의 선택을 취한다면, 장래에 타결의 길은 막힌다. 또 순식간에 22년이 지나갈 것이다. 그렇게 되면 90년, 일본이 4도를 통치 하에 둔 기간과 같은 기간이 온다. 4도의 러시아인은 손자나 증손의 세대가 되고, 일본에 있는 제1세대는 한 명도 없게 된다. 국제사법재판소의 판례는 일찍부터 실효지배 중시로 변하고 있는 중이다. 2007년 개시된 쿠릴 개발계획

의 진행을 일본은 막을 힘이 없다. ■

　일찍이 그 섬의 산과 강, 바다와 들판에 살고 있던 일본 민족의 혼은 흔적도 없이 사라질 것이다. 인프라·산업·학교·교회 같은 눈에 보이는 시설을 통해, 그 섬은 문자 그대로 슬라브의 섬이 될 것이다. 세계 속에서 새로운 기회를 찾아오는 벤처 기업과 노동자가 모이고, 아름다운 자연과 슬라브 식 온천과 러시아 정교의 이국적인 정서를 맛보려는 관광객이 방문한다. 하지만 그 섬과 가장 인연이 깊고 가까이 있는 일본이 자승자박의 법리에 끌려다녀, 그 섬들과는 완전히 인연이 없는 존재로 변해 버린다.

　그래도 괜찮은가? 그래도 언젠가 섬은 돌아올까? 아베 총리의 지혜롭고 용기있는 결단과 외무성의 지혜와 국민에게 부탁하는 바이다. 부디 이제 잘못된 정책을 중단하기 바란다. 협상 실패를 받아들이는 것은 괴롭다. 우리들에게 4도에 돌아갈 길을 내는 형태로 협상타결을 해 주었으면 한다. 일본 민족이 러시아인들과 더불어 그 섬에 살고 선조의 혼을 다시 불러일으키는 길을 개척해 주었으면 한다.

■　'쿠릴개발계획'은 2006년 8월 9일에 작성되었다. 2007년부터 2015년까지 9년간 총 508억 엔의 개발 투자를 하는 것이다. ① 교통망 설치, ② 연료 에너지 산업의 발전, ③ 어업 발전, ④ 사회적 인프라 정비, ⑤ 통신망 정비, ⑥ 도로망 정비를 주요 축으로 한다(『북방영토협상비록』 문고판, 8쪽).

2

역사인식 문제

다시 등장한 여러 문제

중국의 경우
야스쿠니 신사와 무라야마 담화

야스쿠니 참배의 일시 중단을

2012년 중일 관계는 중국의 승리라고 말하지 않을 수 없다. 중국은 수년간 계획하고 있던 목표를 모두 달성한 것처럼 보인다. 일본은 원하는 목적을 하나도 달성할 수 없었다. 중국이 획득한 가장 큰 수확의 하나는 센카쿠 열도 문제를 '역사 문제화'한 일이다. '역사 문제화'했다는 것은 센카쿠 열도를 둘러싼 역사에 대해서 하나의 이야기를 구축하고, 그에 따라 13억 인민을 하나로 결집시켰다는 것이다. 이 이야기의 배경에는 청일전쟁이 있다.

'센카쿠 열도'는 청 제국이 가장 약해지고, 일본 제국이 가장 강해졌을 때 일어난 청일전쟁 때 혼란한 틈을 타 일본이 절취해 간 우리 영토이다. 그 3개월 후에는 시모노세키 조약으로 대만마저 빼앗아 갔다.'

돌이켜보면 지금까지 중일 간 역사 문제에서, 청일전쟁이 화제의 중심에 놓이는 일은 없었다. 1931년 만주사변, 1937년 중일전쟁 이후의 침략을 중점 조명하는 것이 대부분이었지만, 일본 제국 침략 역사는 이미 청 제국 말기에 시작되고 있었다는, 새로운 이야기가 더해진 셈이다. 그에 따라 아편 전쟁부터 마오쩌둥毛澤東 정권 수립에 이르기까지 '백년의 모욕'이 또렷한 일련의 스토리가 되어 등장한 것이다.

중국과의 관계에서 역사 문제가 새로운 형태로 전면에 나온 이상, 일본으로서는 어떻게든지 다시 한 번 주의를 기울이지 않을 수 없는, 피해갈 수 없는 것이 있다. 그것은 '야스쿠니靖国 문제'이다.

2012년 10월 17일, 3주 전 자민당 총재로 선출된 아베 신조는 추계예대제秋季例大祭에 맞춰 야스쿠니 신사를 참배했다. 아베 총재는 참배 후 기자단에게 "나라를 위해 목숨을 바친 영령에게 당 총재로서 존경의 염을 표하기 위해" 참배하였다고 밝혔다. 총리에 취임했을 경우, "중일, 한일 관계가 이렇게(험악한) 상태에 있는 지금 총리가 되면 참배할 것인가 말 것인가는 말씀드리지 않는 게 좋겠다"고 말했다. 그러나 그는 총재 취임 후 10월 9일 당 모임에서 "먼저 번 총리 임기 중에 야스쿠니 신사를 참배하지 못한 것이 지극히 통한스럽다. 이것으로 헤아려주기 바란다"고 말했다(『교도통신』 2012년 10월 17일).

중국은 즉각 반발했다. 중국 외교부는 같은 날 '일본은 역사 문제에 대하여 엄숙한 태도를 지키며 책임을 갖고 처리해야 한다'는 담화를 발표했다. 중국 언론도 센카쿠 문제로 긴장하고 있는 양국의 '관계 악화를 조장했다'고 비판했다(『교도통신』 2012년 10월 17일). 내가 역사인식 문제에 관심을 가진 것은 외무성을 사임하고 네덜란드 라이덴 대학에서 공부를 시작한 2002년이었다. 당시 나는 고이즈미小泉 총리의 야스쿠니 참배로 매년 중일 관계가 냉각되어 가는 데 대해 강한 의구심이 들었다. 문제를 해결할 방법이 없을까? 고심하다가 2006년 여름 「총리대신의 야스쿠니 방문에 모라

토리엄을総理大臣の靖国訪問にモラトリアムを」이라는 논문을 『파 이스턴 이코노믹 리뷰』지에 투고했다. 내가 일본으로 돌아온 그해 고이즈미 총리의 퇴임에 즈음하여 야스쿠니 논의가 일본에서 절정에 달했다. 그때 나는 『월간 현대』, 『아사히신문』, 『논좌論座』 등 여러 언론에 같은 취지의 글을 발표했다. 가장 말하고 싶었던 것은 다음과 같은 점이었다.

전쟁에서 죽은 사람들에게 후세대가 어떻게 접근할 것인가는 중국의 발언에 따라서가 아니라 일본 자신의 문제로 해결해야 한다. 그런데 이 점에 대해서 국민적인 논의가 전혀 이루어지고 있지 않다. 문제가 해결될 때까지 일본 총리는 야스쿠니 참배에 모라토리엄을, 즉 야스쿠니 참배를 잠시 중단하면 어떨까 한다. 그리고 그것을 일시 중단하는 동안 다음의 세 가지를 해결했으면 한다.

첫째, 야스쿠니 신사를 나라를 위해 목숨을 바친 사람들을 순수하게 위령하는 장소로 삼는다. 현재의 유슈칸遊就館에서 영령에 관한 유서 등 개인적인 것은 별도로 하고, 전쟁 전체를 상징하는 역사관歷史観과 분리한다.

둘째, 유슈칸에서 분리된 것을 모아, 태평양전쟁의 기억을 후세에 전하기 위한 자료를 전시하는 시설로서 국립박물관을 건설한다. 여기서 전쟁에 이른 당시 일본의 논리를 소개하면서 동시에 중국 등에서 실제로 일어난 참혹한 일을 객관적으로 보여준다. 또, 원폭 투하 등 일본 민족이 말살될 위기에 직면한 일도 보여준다. 전쟁의 기억을 종합적으로 보여줌으로써 일본인 자신이 전쟁의 문제를 극복할 계기로 삼는다.

셋째, 전쟁 책임 문제를 국민적으로 논의한다. 일본은 극동 재판에서 연합국을 통해 전쟁 책임에 대해 유죄 판결 받고, 그 판결을 샌프란시스코 평화조약 제11조에 의해 받아들였다. 이를 뒤집는 것은 불가능하다. 그렇다면 일본 자신의 판단은 없는 것인가? 1995년 무라야마 담화로써 일본은 침략과 식민지 지배에 대해 사죄했지만, 이 담화는 그 책임에 대해서 많은 것을 말하고 있지 않다. 일본 스스로의 문제로 그것을 생각해 보는 것이 결국 A급 전범의 합사 문제를 해결하는 것으로 이어지지 않을까.

자, 2006년부터 거의 7년의 세월이 흘렀다. 일본 총리의 야스쿠니 참배는 2006년 8월 15일 고이즈미 총리의 참배 이래 중단되었다.▪

어느 총리도 현 상황에서 문제가 해결되었다는 인식을 보이고 있지 않으므로 모라토리엄이 걸린 채 손 놓고 있다고 말하지 않을 수도 없다. 그렇다면 그사이 야스쿠니 참배 문제를 조금이라도 해결하기 위해 정부는 어떠한 행동을 취했던가? 일본 관계자가 이 국민적 과제에서 합의를 이끌기 위해 행동했던가? 극히 유감이지만, 내가 아는 한 그 7년간 눈에 띌 만한 어떠한 움직임도 없었다. 그동안 나는 일본으로 돌아와 교토산업대학에서 학생들을 가르쳤다. 그리고 미미하기는 했지만 옛날부터 현상에 대한 이해를 심화시켜 갔다고 생각한다. 내가 가르치고 있는 학생들을 데리고 1년에 한 번 야스쿠니 신사를 참배했다. 야스쿠니 신사에는 진정한 힘이 있다. 구단시타九段下 오도리이大鳥居에서 오무라 마스지로大村益次郎 상 옆을 지나 신사 본전에 이르는 길에는 일본이 도처에서 파괴하여 온 진짜 역사가 남아 있다. 메이지부터 쇼와에 이르는 일본 역사를 배우고 전쟁과 전사자에 대해 배우는데 이 이상 훌륭한 장소는 없다. 야스쿠니 견학과 동시에 지도리가후치千鳥

▪ 역자주 : 아베 총리는 2013년 12월 26일 야스쿠니 참배를 강행하여 한국, 중국과의 관계가 급속히 냉각된 바 있다. 미국도 이례적으로 '참배에 실망했다'는 입장을 발표한 바 있다. 이후 2015년 3월까지 아베 총리는 참배 대신에 공물 봉납을 해오고 있다.

ヶ淵 전몰자 묘원과 그 사이에 있는 쇼와칸昭和館도 방문하고 있다. 그러면서 쇼와칸을 만드는 과정에서 일어났던 논쟁에 대해서도 깊이 이해했다. 또한 유슈칸이라는 확고한 존재가 있다. 박물관이라는 물리적인 장소를 수반하는 전쟁 기억의 재흥은 너무나 복잡하여 내 노력으로는 어렵다. 내가 제기한 첫째(유슈칸의 분리)와 둘째(전쟁 종합 박물관의 건설)에 대해서는 지금 나는 아무것도 할 수 없다는 무력감을 느끼게 되었다.

그렇지만 이 마지막으로 남은 전쟁 책임 문제에 대해서 역사인식에 관심 있는 연구자의 한 사람으로서 새로운 문제의식을 제기할 수는 있을 것이다.

전쟁 책임과 저우언라이周恩來 테제

무라야마 담화에서는 일본이 '침략과 식민지 지배'를 저지른 것을 인정하고, 그에 대한 일본의 '반성과 사죄'에 대해 말하고 있다. 도쿄 재판이라는 외국에 의한 재판 이후, 일본인 자신이 주체적으로 한 행동의 책임에 대해서는 '일본이 책임을 진다'고 읽을 수 있겠지만, 그 '일본'이 누구인가에 대한 내용은 없다.

일본인으로서 이 문제를 생각했을 때 일본의 정책을 이끈 지도자들과 그에 따르지 않을 수 없었던 대중들이 똑같이 책임이 있다고 해도 괜찮을까. 만약 일본 안에서 정치적인 모멘텀을 회복하여 이 문제에 대해서 어떤 합의에 근접했다고 가정해 보자. 문제가 복잡하여 지금 관점에서 확실한 결론은 말할 수 없지만, 큰 논의의 흐름과 선택을 추정할 수는 있다.

전쟁 책임의 문제에는 두 가지 사고방식이 있다고 생각한다.

첫째는 빨간 딱지 한 장에 끌려간 국민과 빨간 딱지로 국민을 이끌어간 지도자들의 책임이 명확히 다르다는 것이다. 특정 그룹에 전쟁 책임이 있다는 입장을 취하는 경우, 도쿄재판이라는 승자의 재판을 통해 판결된 A급 전범의 책임이 직접적인 것이 된다. 그러면 누구를 특정할 것인가? 이미 70년이 넘은 옛날 이야기이므로 검증할 방법이 없을지도 모른다. 오류투성이의 재판이기는 해도 유일한 판단인 도쿄재판의 판결을 국민이 주체적으로 받아들이려는 경향이 생겨날지도 모른다. 어쨌든 A급 전범의 합사에 대한 재검토로 이어질 가능성이 있다.

둘째는 시대의 대세를 지지한 나라 전체의 책임을 묻는 것이다. 전쟁 전의 여론, 언론, 지식인, 정치 지도자 대부분이 일본 대륙으로의 확장을 지지했다는 사실은 부정할 수 없다. 메이지부터 태평양전쟁에 이르는 일본 역사를 배우면, 만주사변 이후 종전에 이르기까지 역사에서 독일의 나치즘 같은 형태로 전쟁 책임자를 선 긋기 하는 것이 거의 불가능함을 잘 알 수 있다.

일본이 전쟁을 하도록 유도한 것에는 국민 대부분이 어느 형태로든 관련된 이른바 시대의 대세라는 것으로, 국민들도 응분의 책임이 있었던 것이 아닐까? 이 생각을 끝까지 밀고 나가면, 나라 전체의 책임을 목숨과 맞바꾼 자들은 국민에게 감사 대상이 된다. 이는 A급 전범 합사의 적극적인 이유가 될 수 있다.

내 생각은 후자 쪽에 가깝다. 내 할아버지 도고 시게노리東鄕茂德는 도쿄재판에서 A급 전범으로 20년형을 받고, 복역 중에 병사하여 1974년 야스쿠니 신사에 합사되었다. 그러나 내 생각은 나의 개인사와는 별개이다.

아무튼 후자 쪽으로 생각이 기울어가는 가운데, 다시 한 번 생각해 보자. 만약 일본이 '중일전쟁의 역사는 일본 국민 전체의 책임이다. A급 전범은 국민의 행동에 책임을 지고 처형된 분들이다. 따라서 일본인은 총리든 시민이든 야스쿠니 신사에 참배한다'고 한다면 중국은 어떻게 나올까? 그러한 발상이 실제로 중일 화해에 어떻게 영향을 미칠까? 상대의 얼굴 표정이 달라질까? 확실히 그 표정은 달라졌다. 프롤로그에서 언급한 것과 같이 2012년 12월 14일부터 15일, 나는 저장성 저장대학 주최 국제 세미나『동북아시아에 있어서 평화 구축 : 문화력과 물질력의 상극』에 참석하였다. 그 며칠 전인 12월 10일과 11일, 아산 연구소가 주최한 '중국'에 관한 서울 세미나에도 참석했다. 내 주변 논의는 센카쿠 일색이었는데, 그중 두꺼운 안경을 쓴 막 50대에 들어선 중국인 학자가 있었다. A교수라고 해 두자. 회의 중이나 쉬는 시간 이야기하면서, 나는 A교수에게 끌렸다. 발언 내용에 균형감이 있고, 어떤 관점에서는 중국 공선公船은 센카쿠 영해에 침입하지 않는다는 금지된 말이라고 할 수 있는 말을 한 것이다. 저장대학 세미나에서 우연히 이 A교수와 재회했다. 마지막 세션이 되어, 일본과 중국이 역사 문제로 좀처럼 대립을 해소할 수 없다고 하는 점이 논의 대상이 되었다. A교수의 얼굴을 보면서 무심코 나는 궁금했던 점을 물었다.

"역사인식 문제에 대해서 중일 대립이 좀처럼 풀리지 않는 것은 1972년 중일국교회복 관점부터 양자 간에 단추를 잘못 끼웠기 때문이라고 본다. 중국은 이때, '일본 군국주의는 중일 인민 공통의 적'이라는 이른바 저우언라이周恩來 테제를 거론하며 관계 정상화를 실현했다. 다나카田中 총리를 비롯하여 이때 누구도 반대하지 않았다. 그러나 일본의 근대사를 조금이라도 안다면 이 저우언라이의 테제가 사실에 합치하지 않는다는 점을 금방 알 수 있다. 국가로서 책임이 있다고 생각하든가, 적어도 국민 전체에 응분의 책임이 있었다고 생각해야 하지 않을까. 그러나 그때 이후 아무도 중국에게 그것을 확실히 말하고 있지 않다. 그렇게 되면 화해로 가는 길은 냉엄하다."

바로 A교수가 손을 들었다. 얼굴 표정이 싹 바뀌어 있었다.

"중국과 일본의 역사 문제는 종료되었다. 중국은 이 문제를 재개할 생각은 없다. 이제까지 쌓아온 역사 문제를 논하는 것은 그만하시기 바란다."

이것은 꽤 과격한 발언이었다. 나중에 들어보니 A교수는 후진타오胡錦濤 정권 성립기에 대일 외교의 개선을 공공연히 제기한 몇몇 용기 있는 학자 중 한 명이었다. 그러한 A교수의 발언이었다. 나는 저우언라이 테제의 의미를 한 번 더 살펴보았으면 하고 생각했다. 일본인이 이 테제를 가장 처음으로 접한 것은 1972년 9월 25일, 중일국교정상화 조인을 위해 다나카 가쿠에이田中角栄 총리 일행이 베이징에 도착한 밤의 환영 만찬회에서 행한 저우언라이의 연설이었다.

1894년부터 반세기에 걸쳐, 일본 군국주의자들의 중국 침략으로 중국 인민은 중대한 피해를 입고 일본 국민도 또한 큰 손해를 입었습니다. 앞에 일어난 일을 잊지 말고 후에 일어날 일의 본보기로 삼는다는 말이 있습니다만, 이와 같은 경험을 우리들은 확고하게 기억해 두지 않으면 안 됩니다. 중국 인민은 마오쩌둥 주석의 생각에 따라 극히 소수의 군국주의자와 일본 국민을 엄격하게 구별합니다(『중국어저널』, 2002년 9월·10월호).

사안의 중요성에 비해 이 연설의 존재는 별로 알려져 있지 않은 것 같다. 이 만찬회에서 다나카 총리가 중일전쟁에 관해 '폐를 끼쳤다迷惑をかけた'는 표현을 사용한 것이 중국 측의 마음을 상하게 하여 다음 날 공식 회담에서 문제 제기가 되었고, 이 사태에 관심이 집중되었기 때문일지도 모른다. 그

러나 이 연설에서 보인 사고방식은 20년을 거슬러 올라가는 것이었다. 논픽션 작가인 호사카 마사야스保阪正康가 2005년 잡지 『현대現代』에서 다음과 같은 지적을 했다.

1952년 중국 하얼빈에서 일본 스케이트 선수를 초청하려는 계획이 세워졌으나 전쟁에서 상처받은 사람들의 분노가 격렬하여 중지된 사건이 있었다. 이를 계기로 저우언라이 총리는 "이런 상태가 계속되면 장래 큰 일이 될 것이니 그런 사람들에게 일본인 병사들도 소수의 전쟁 지도자에게 속은 희생자였다고 설득했다"고 한다(「저우언라이의 '유훈'을 무시하는 총리의 야스쿠니 참배」, 2005년 7월호, 84~93쪽).

이 생각이 처음으로 일본에 전해진 것은 1953년 9월이었다. 당시 중국을 방문한 오야마 이쿠오大山郁夫 평화옹호일본위원회 회장에게 저우언라이 총리가 이렇게 말했다고 한다.

일본 군국주의자의 대외 침략 만행은 중국 인민이나 극동 각국 인민에게 거대한 손해를 끼쳤을 뿐만 아니라 일본 인민에게도 공전空前의 재해를 끼쳤습니다(『인민중국』, 2013년 중국 외문국外文局 인민중국잡지사 홈페이지, 2012년 12월 29일).

이는 아주 뿌리 깊게 오랫동안 내재된 생각이라고 할 수 있을 것이다. 결국 중국의 사고방식은 ① 야스쿠니 신사에는 중일 인민의 공통의 적인 일본 군국주의자의 대표인 A급 전범이 합사되어 있다, ② 야스쿠니 신사에 참배하는 것은 A급 전범에게 참배하는 것이 된다, ③ 그러므로 야스쿠니 신사 참배는 허용할 수 없다는 것이 된다. 이것을 정면으로 무너뜨리는 논리를 중국식으로 표현하면 ① 야스쿠니 신사에 합사되어 있는 것은 중국 인민과 싸운 일본 인민의 죄를 떠안고 죽은 A급 전범이다, ② 따라서 일본 인민은 야스쿠니에 간다, ③ 일본 인민은 사죄했고(=무라야마 담화), 더 이상 전쟁을 할 생각은 없으므로, 중국 인민도 야스쿠니에 와서 함께 참배하자는 것이 될 수 있다. 그렇지만 1972년부터 정확히 40년이 지난 지금 저우언라이 발언을 좋게 여겨 누구 하나 중국에 이렇게 말하지 못했다. '이미 늦었다! 이제 와서 그런 얘기는 하지도 마'라고 하는 A교수의 목소리가 들리는 듯하다. 이 이야기는 센카쿠 열도에 대해서 판단보류하려는 저우언라이와 덩샤오핑의 발언에 대해, 반론하지 않고 암묵적 양해를 해 온 과정과 극히 유사하다. 지금의 관점에서는 어쨌든 무라야마 담화를 소중히 하면서, 그 위에 무엇을 덧붙이는 것이 가능할까를 생각하는 것이 최선책인 듯하다. 거기서부터 일본인의 전쟁 책임에 대한 결론과 중국이 형성해 온 전쟁관을 어떻게 화해시키면 좋을지 생각하는 길이 열리지 않을까? 지금은 그것 외에 달리 뾰족한 수가 없다.

무라야마 담화의 중요성

최근 수년 무라야마 담화 문제를 다시 한 번 제대로 고찰해보고 싶은 느낌이 강하게 들었다. 다행히 2011년 12월 교토산업대학에 중국, 한국, 대만, 미국의 학자를 초청하여, 나를 포함한 5명의 공동연구로『Japan and

Reconciliation in Post-war Asia: The Murayama Statement and Its Implications』를 2012년 말 팔그레이브 피벗Palgrave Pivot 출판사에서 출판했다.▪

무라야마 담화 전문은 다음과 같다.

무라야마 내각총리대신 담화

「전후 50주년 종전 기념일에 즈음하여」(이른바 무라야마 담화)

지난 대전이 막을 고하고 50년의 세월이 흘렀습니다. 지금 다시 그 전쟁에 희생되신 내외 많은 사람들을 생각할 때, 만감이 가슴에 차오릅니다. 패전 후 일본은 그 불탄 들판에서 많은 곤경을 극복하고 오늘날의 평화와 번영을 이룩해 왔습니다. 이는 우리들의 자랑이며, 이를 위해 쏟아 부은 국민 모두의 현명한 지혜와 끊임없는 노력에 마음으로 경의를 표하는 바입니다. 여기에 이르기까지, 미국을 비롯해 세계 각국에서 밀려든 지원과 협력에 대해, 다시 한 번 심심한 사의를 표명합니다. 또 아시아·태평양 이웃 나라들과 미국, 나아가 유럽 여러 나라들과의 오늘과 같은 우호관계를 쌓아올린 것을 기쁘게 생각합니다.

평화롭고 풍요로운 일본이 된 지금, 우리들은 자칫하면 이 평화의 소중함과 고마움을 잊기 쉽습니다. 우리들은 과거의 잘못을 두 번 다시 반복하지 않도록 전쟁의 비참함을 젊은 세대에게 전달해 주어야 합니다. 특히 이웃 나라 사람들과 손을 잡고 아시아·태평양 지역, 더 나아가서는 세계 평화

▪ 팔그레이브 피벗 출판의 공동연구에서 쓴 무라야마 담화에 관한 논의의 요점을 『세계』 2012년 9월호에 「무라야마 담화 재고」라는 제목으로 투고했다.

를 확고히 하기 위해서는 무엇보다도 이들 여러 나라들과 깊은 이해와 신뢰에 바탕을 둔 관계를 쌓아나가는 것이 불가결하다고 생각합니다. 정부는 이 생각에 기반하여 특히 근현대에 있어서의 일본과 이웃 아시아 제국과의 관계에 관한 역사 연구를 지원하고 각국과의 교류의 비약적인 확대를 도모하기 위해, 이 두 가지를 축으로 한 평화우호 교류사업을 전개하고 있습니다. 또 관련된 전후처리 문제에 대해서도 우리나라와 이들 각국과의 신뢰관계를 한층 강화하기 위해 저는 계속 성실하게 대응하여 갈 것입니다.

지금 전후 50주년에 즈음하여 우리들이 명심해야 할 것은 지난 일을 되돌아보아 역사의 교훈을 배우고, 미래를 향하여 인류 사회의 평화와 번영에의 길을 훼손하지 않는 것입니다. 우리나라는 멀지 않은 과거 한 시기, 국책을 그르쳐서 전쟁의 길을 걸어 국민을 존망의 위기에 빠뜨리고, 식민지 지배와 침략을 통해 많은 나라들 특히 아시아 제국의 사람들에게 다대한 손해와 고통을 주었습니다. 저는 미래에 잘못을 저지르지 않기 위해 의심할 바 없는 이 역사의 사실을 겸허히 수용하고, 여기에 다시 한 번 통절한 반성의 뜻을 표하고, 마음에서 우러나오는 사죄의 심정을 표합니다. 또 이 역사가 초래한 국내외 모든 희생자에게 깊은 애도의 뜻을 바칩니다.

패전 날부터 50주년을 맞이한 오늘, 우리나라는 깊은 반성 위에 서서 독선적인 내셔널리즘을 배척하고, 책임 있는 국제사회의 일원으로서 국제협조를 촉진하고, 이를 통하여 평화의 이념과 민주주의를 확산시켜 나가지 않으면 안 됩니다. 동시에 우리나라는 유일한 피폭국으로서의 체험을 바탕으로, 핵무기의 궁극적인 폐기를 위해 핵 확산 방지 체제의 강화 등 국제적인 군축을 적극적으로 추진해 나가는 것이 중요합니다. 이것이야말로 과거에 대한 속죄이며, 희생되신 분들의 영혼을 위로하는 일이라고 저는 믿고 있습니다.

'신의보다 의지할 만한 것은 없다'라는 말이 있습니다. 이 기념할 만한 날에 즈음하여 신의를 시정施政의 근간으로 할 것을 국내외에 표명하면서 저의 맹세의 말로 대신코자 합니다.

전쟁 책임 문제에서 왜 무라야마 담화를 중요하게 생각하는가? 그 질문에 답하는 것은 결국 패전과 전후 일본 부흥의 흐름을 어떻게 생각할 것인가 하는, 근본 문제를 생각하는 것이 된다.

전전戰前 일본의 행동에 대해서 전후 국제적인 판단을 내린 것은 도쿄재판이다. 도쿄재판의 다수 판결에 대해 어떠한 견해를 가지든지 간에 판결 그 자체는 샌프란시스코평화조약 11조를 통해 일본은 수락하였다. 이에 도전하려는 일본인은 거의 없다.

원래 도쿄재판은 전승국의 판단이고, 일본은 패전국으로서 이를 받아들일 수밖에 없었다. 도쿄재판의 판결에 대해서 좌파와 우파 각각의 입장에서 비판이 있었다. 그것은 '일본인으로서 지난 세계대전의 의미를 어떻게 재인식할 것인가' 하는 질문이 개개인의 마음속에 있었기 때문이다. 전후 일본의 '혼魂의 편력遍歷'이 거기서 시작되었다. 좌우의 대립이 끝난 것은 냉전 종식에 따라 세계 각국이 새로운 길을 찾으려고 한 1990년대 전반이었다. 그 결과가 1995년의 무라야마 담화였다. 이는 국내적으로 55년 체제를 극복하고 양대 정당제를 만들려고 하는 움직임과 궤도를 같이 하고 있었다.

무라야마 담화가 성립한 또 하나의 요인으로서 당시 사회당의 무라야마 도미이치村山富市가 수상이었다는 점도 부정할 수 없다. 그러나 이 담화는 무라야마 개인의 의견이 아니라, 자민당·사회당·신당 사키가케 연립 정권

의 각료 전원이 서명한 각의결정을 통해 발표된 것이다. 당시 관방장관 노사카 고켄野坂浩賢이 자민당의 사전 준비에 분주했고, 문안에 대해서는 하시모토 류타로橋本龍太郎 통산대신通産大臣의 의견도 구했다(무라야마 도미이치, 사타카 마코토佐高信, 『'무라야마 담화'란 무엇인가「村山談話」とは何か』, 가도카와ONE테마角川oneテーマ 21, 31~32쪽). 자민당 내에서 담화를 종합 정리한 중추가 된 것은 하시모토 통산대신이기도 했다.

무라야마 담화에 대해서는 이후의 수상 전원이 계승했다. 여섯 번이나 야스쿠니 신사를 방문하여 중일 관계를 위기에 빠뜨린 고이즈미 준이치로小泉純一郎 총리도 그 근본사상에 있어서 무라야마 담화의 핵심 내용인 '반성과 사죄'의 정신을 완전히 계승했다. 그 점은 중일 관계가 국교 회복 이래 최악의 수준으로 떨어진 2005년 자카르타의 아시아·아프리카 정상회담에서도 명확히 표명되었다.

사상思想 면에서 고이즈미 총리보다도 '애국적'이라는 아베 신조 총리를 포함한 3대의 자민당 총리들과 3대의 민주당 총리들 모두 이 입장을 계승하여 왔다. 이렇게 무라야마 담화는 발표 이후 외국 정부와의 화해의 기초로서 언제나 결정적인 역할을 해왔다.

① 1998년 1월 천황의 영국 방문을 앞둔 하시모토橋本 총리의 『썬sun』지 기고
② 1998년 10월 김대중 대통령 방일 당시 오부치小淵 총리의 발언, 그리고 한일공동선언에서의 오부치 총리의 발언
'오부치 총리대신은 금세기 한일 양국 관계를 회고하고, 우리나라가 과거의 한 시기 한국 국민에게 식민지 지배로 다대한 손해와 고통을

준 역사적 사실을 겸허히 수용하고, 이에 대해 통절한 반성과 마음으로부터의 사죄를 표했다.'

③ 같은 해 11월 장쩌민江澤民 주석의 방일 중 중일공동선언의 일본 측(오부치 총리)의 발언

'일본 측은 1972년 중일공동성명 및 1995년 8월 15일의 내각총리대신 담화를 존중하고, 과거 한 시기 중국에 대한 침략으로 중국 국민에게 다대한 재난와 손해를 준 책임을 통감하고 이에 대해 깊은 반성을 표명했다.'

④ 2000년 3월 천황의 네덜란드 방문을 앞둔 오부치 총리의 콕Kok 총리에 대한 발언

⑤ 2002년 9월 고이즈미의 북한 방문에서 합의된 일조평양선언에서의 일본 측 입장 표명

'일본 측은 과거 식민지 지배로 북한 사람들에게 다대한 손해와 고통을 준 역사적 사실을 겸허히 수용하고 통절한 반성과 마음으로부터의 사죄의 마음을 표명했다.'

⑥ 2005년 5월, 고이즈미 총리의 아시아·아프리카 회의에서의 연설

'우리나라는 일찍이 식민지 지배와 침략을 통해 많은 나라들 특히 아시아 여러 나라 사람들에게 커다란 손해와 고통을 주었습니다. 이러한 역사의 사실을 겸허히 수용하고, 통절한 반성과 사죄의 마음을 항상 가슴에 새기며, 우리나라는 제2차 세계대전 후 일관하여 경제대국이 되어도 군사대국은 되지 않고, 어떠한 문제도 무력에 의하지 않고 평화적으로 해결한다는 입장을 견지하고 있습니다. 앞으로도 세계 각국과의 신뢰관계를 소중히 하고 세계의 평화와 번영에 공헌해 갈 결

의가 있음을 다시 한 번 표명합니다.'

⑦ 2009년 5월, 후지사키 이치로藤崎一郎 주미대사가 '전미全美 바탄·코
레히도르Bataan·Corregidor 방위병의 모임'의 최종 연차 총회에 참석하
여 진술한 미국 전쟁 포로에 대한 사죄의 말

결국 도쿄재판의 '승자의 정의' 이래, 일본인이 스스로 종합적으로 전쟁
책임과 역사인식에 대해서 결론을 낸 것은 무라야마 담화밖에 없다고 생각
한다. 세월의 흐름과 함께 이른바 우파로부터의 비판은 강해지고 있지만,
역대 총리가 모두 지지하고 국제관계에서 극히 중요한 역할을 해 온 이 담
화를 다수 국민이 수용하였다고 보아도 좋을 것이다.

바이츠제커 연설과 야스퍼스

이상 보아온 것과 같이 무라야마 담화의 중요성에 비해, 이 담화의 의미나
역사적 위치에 대해서는 상세한 분석이 거의 이루어져 있지 않다. 나는 사
죄 문제에 대해서 항상 일본과 비교되는 독일의 예와 정면으로 비교해 봄으
로써 무라야마 담화의 의의를 생각해 보기로 했다.

1985년 5월 8일 독일 항복으로부터 정확히 40년이 지났을 때 당시 서독
의 바이츠제커Weizsäcker 대통령이 국회에서 연설을 했다. 일본에서는 '황야
의 40년'으로 알려진 이 연설은 전쟁·죄·책임의 문제에 대해서 가장 명확
한 형태로 독일의 견해를 표명한 것이다.

자국의 전쟁·죄·책임에 대해서 마주한 두 개의 연설은 패전 후 각각의

국가가 상이한 방책으로 역사에 대치해 온 사실을 배경으로 하고 있다. 일본의 경우는 전쟁과의 단절은 샌프란시스코조약을 비롯한 일련의 전후 처리 조약, 이른바 '평화조약'을 맺는 것으로 해결해 왔다고 할 수 있다. 미해결인 채로 남아 있는 것은 러시아와의 영토 문제, 그리고 외교 관계를 설정할 수 없는 북한, 두 나라이다. 한편, 독일은 과거와의 단절을 홀로코스트를 비롯한 일련의 잔학행위에 대해 피해자 개인에 대한 보상으로 그리고 상대국과는 보상을 지불하기 위한 협정을 맺는 것으로 이루어졌다. 서로 다른 배경이 있다고는 해도, 무라야마 담화와 바이츠제커 연설을 비교해 보면, 꽤 큰 차이에 놀라게 된다.

무라야마 담화의 표현은, 포괄적·직관적·무전제적이다. '① 누가 ② 무엇을 했고, ③ 그에 대해 어떻게 대처했고, ④ 행한 일에 대한 책임자는 누구이며, ⑤ 구체적인 행동은 무엇인가'에 대해서 생각해 본다. 답은 ① '일본'이 ② '식민지 지배와 침략'을 했고, ③ '통절한 반성과 마음으로부터의 사죄'가 표명되어 있다. ④ 행한 일에 대한 책임자에 대해서 명시적인 기술이 없지만, 전체 논리 구성을 보면 '일본'(국가로서, 당시나 지금이나)이라고 해석하지 않을 수 없다(단, 이미 서술한대로 붉은 딱지 한 장으로 전쟁에 나간 사람과 그것을 명령한 사람의 책임이 같은가 하는 문제는 남는다). 그리고 ⑤ 구체적인 행동에 대해서는 '평화우호교류사업'의 실시와 '현재 관련되어 있는 전후 처리 문제에 대한 성실한 대응'이 제기된다.

①부터 ④에 이르는 표현은 일체의 조건이나 한정을 붙이지 않고, '일본이 범한 식민지 지배와 침략에 대해 사죄하고, 일본이 책임을 진다'고 포괄적으로 서술하고 있다. 각 개념에 대해 정의가 없으므로 직관적인 이해를 기대하고 있다는 인상을 받는다.

이것은 정말로 놀랄 만한 표현이다. 왜냐하면, 국가의 역사적 전개에 있어서 이렇게 포괄적·직관적·무전제의 형태로 국가의 행위를 파악하고 그에 대해 사죄한 예는 근대 국가가 국제관계에서 주요 주체가 된 후 지금까지 찾아볼 수 없기 때문이다.

이에 반해, 바이츠제커 연설은 철저하게 개별적·분석적·조건적이다.

우선 ② '무엇을 했나'에서 열거되고 있는 것은, 개별 구체적인 희생자 리스트이다. 예를 들면, '독일의 강제수용소에서 목숨을 빼앗긴 600만 유대인', '소련·폴란드의 무수한 사망자', '학살당한 신티와 로마, 살해당한 동성애자들' 등(바이츠제커, 『신판 황야의 40년』, 이와나미북렛, 2009년, 6쪽. 이하 인용은 같은 책)

그럼, ① '누가' ②에서 열거된 악을 범했는가 하는 질문에는 특정한 개인으로, 당시 국가도 민족 전체도 아니었다는 답을 이끌고 있다. 바이츠제커의 말을 인용해 보자.

'한 민족 전체에 죄가 있다, 또는 죄가 없다는 문제가 아닙니다. 죄가 있

무라야마 담화와 바이츠제커 연설

	무라야마 담화	바이츠제커 연설
① 누가?	일본	특정 개인. 국가나 민족이 아님
② 무엇을 했나?	식민지 지배와 침략	홀로코스트를 비롯하여 열거된 범죄들
③ 어떻게 대처했나?	통절한 반성과 마음으로부터의 사죄	마음에 새김
④ 책임자는 누구인가?	일본(으로 해석하지 않을 수 없음)	범죄자는 아니지만, 모든 독일인이 결과에 책임을 짐
⑤ 구체적 행동은?	평화우호교류사업과 전후 처리 현안 문제에 대한 성실한 대응	구체적인 적시 없음(피해자 개인에 대한 보상 방식이 배경)

든 없든 이것은 집단적인 것이 아니라 개인적인 것입니다'(10쪽). 또 이렇게도 말하고 있다. '(당시 태어나지도 않은 사람들이) 스스로 손을 대지 않은 행위에 대해서 스스로 죄를 고백하는 것은 불가능합니다'(11쪽). 이는 지난 전쟁 당시 살지 않던 사람들, 곧 전쟁을 모르는 세대가 죄를 뒤집어쓰는 법은 없다는 것을 의미한다.

다음에 ④의 '행한 일의 책임은 누구에게 있는가' 하는 문제에 대해서는, 나치스 이외의 독일인은 '죄는 없지만 책임은 있다'는 강렬한 '선긋기' 사상을 제시한다. 즉, '죄의 유무나 늙고 젊음을 떠나, 우리 전원이 과거를 수용해야 합니다. 누구나 과거로부터의 귀결에 관련되어 있고, 과거에 대한 책임도 지워져 있습니다'(11쪽). 또 ③ '어떻게 대처해야 하는가'에 대해서는 '마음에 새기는 것', '마음에 새기지 않으면 화해는 없다'라는 처방전을 제시하고 있다(11~12쪽). ⑤ 구체적인 행동에 대해서 바이츠제커는 아무런 방법도 예시하지 않았다. 피해자 개인에게 보상을 하고 있는 독일의 사죄방식이 그에 대한 답이 될 것이다.

바이츠제커 연설의 사상적·철학적 배경은 무엇인가? 유럽에서 독일의 전쟁 책임이 불거질 때 바이츠제커 연설의 배경으로 종종 언급되는 것이 칼 야스퍼스Karl Jaspers이다. 야스퍼스는 패전 직후 독일에서 독일의 전쟁에 대해 깊이 생각하고 이치를 따진 최초의 독일인이라고 할 수 있다.

전쟁으로 완전히 파괴되고, 홀로코스트의 전율이 표면화되고, 독일인 자신이 이제부터 어떻게 살아가야 할지에 대해 모든 지침을 잃어버린 상황 속에서, 야스퍼스는 자신의 철학적 사색을 통해 독일의 죄에 대해 정면으로 맞섰다.

야스퍼스의 사고는 그리스 철학 이래의 서구 정신 풍토 속에서 철저하게 분석적이다. 1946년『전쟁의 죄를 묻다』에서 야스퍼스는 독일의 죄를 아래와 같이 4가지 개념으로 구분하여 생각했다. ■

1. 형법상의 죄 심판자는 재판소이다.
2. 정치상의 죄 심판자는 국내적으로나 국제적으로나 전승국의 권력과 의지이다.
3. 도덕상의 죄 심판자는 자기 양심이다.
4. 형이상적인 죄 심판자는 신뿐이다(야스퍼스, 『전쟁의 죄를 묻다』, 1998년, 48~50쪽).

각각의 죄 아래에 기록했듯이 '형법상의 죄'는 연합국에 의한 뉘른베르크 재판에 맡긴다. '정치상의 죄'는 점령된 이상, 독일 자신이 판단할 수 없으므로 연합국에게 맡긴다. 독일인 자신에게 남겨진 생각거리가 '도덕상의 죄'와 '형이상적인 죄'이다. 그는 도덕상의 죄란 개인의 도덕이므로 양심에 비추어 보아야 하고 형이상적인 죄란 신과의 관계에서 생각해보아야 할 것이라고 말했다.

정치적으로 옴짝달싹할 수 없는 전쟁 직후의 독일에서 독일인 개개인에 대해 양심과 신을 향해 마주보고 자기의 존엄을 되찾으라고 한 야스퍼스의 메시지는 강렬하다. 형법상의 죄에 대해 말하자면, 1963년의 2판에 실린 '1962년의 후기'에서 야스퍼스는 뉘른베르크 재판에 대해 결정적인 점에

■　야스퍼스는 1945년부터 1946년에 걸친 겨울 학기에 하이델베르크 대학에서, 독일의 죄의 문제에 대하여 강의했다. 그 내용은 1946년 하이델베르크의 램버트 슈나이더를 통해 출판되었다.

무라야마 담화와 야스퍼스의 4가지 죄

야스퍼스의 죄	야스퍼스의 판단	바이츠제커의 대응	무라야마 담화의 대응
① 형법상의 죄 심판자는 법정	뉘른베르크 재판을 통해 실현되지 못함	대상 외	대상 외
② 정치상의 죄 심판자는 전승국	독일 자신의 판단을 하지 않음	'죄는 없으나 책임은 있다'는 원칙에 따라 정치적 책임을 수용	중심 과제
③ 도덕상의 죄 심판자는 양심	중심 과제	'마음에 새김'에 따라 중심 과제가 됨	깊이 들어가지 않음
④ 형이상적인 죄 심판자는 신	중심 과제	깊이 들어가지 않음	일본의 사상적 근원으로서 스즈키 다이세쓰 鈴木大拙를 생각함

있어서 잘못 생각하고 있었다고 서술하여, 승자의 재판에 대해 강한 비판을 제기하였다(야스퍼스, 앞의 책, 190~198쪽).

바이츠제커가 이룩한 중요한 일은, 야스퍼스가 전승국에 통째로 내주고 관여하지 않았던 정치상의 죄를 조명하여 독일의 해답을 이끌어 낸 점이라고 생각한다. '죄는 없으나 책임은 있다'는 것을 바이츠제커 연설의 백미로 꼽을 수 있다.

스즈키 다이세쓰가 제시한 '일본적 영성靈性'

야스퍼스의 '4가지 죄'의 관점에서 국경을 초월하여 무라야마 담화를 다시 읽어보면 어떨까?

우선 첫째로 형법상의 죄이다. 무라야마 담화는 일본이 침략하거나 식민지 지배를 한 점에 대해 사죄의 마음을 표명한 것인데, 형법상의 죄는 다루지 않았다. 도쿄재판의 다수 의견을 지지하건 지지하지 않건 모두 지지할 수 있는 방식으로 되어 있다. 결국 바이츠제커나 무라야마 총리 모두 형법상의 문제에는 관여하지 않고 있다.

둘째로, 정치상의 죄이다. 무라야마 담화 속의 침략과 식민지 지배에 대한 반성과 사죄는 특히 '정치상의 죄'에 대한 대답이라고 할 수 있다. 일본은 앞으로 그에 관한 구체적인 행동을 취할 것인지 어떤지의 과제가 남아 있다. 2007년 4월, 최고재판소는, 전후 일본이 체결한 여러 조약들에 의해 국가뿐만 아니라 개인 청구권도 방기되었다고 판결했다. 법적 소추 가능성을 걱정할 필요 없이, 정치적·도덕적 관점에서 일본 정부나 민간 기업 모두 행동을 취할 수 있는 상황이 된 것이다. 예를 들면, 2011년 여름, 한국 측에서 제기한 위안부 문제 등을 새로운 관점에서 구명할 수 있지 않을까.

셋째로, 도덕상의 죄이다. 야스퍼스가 독일인에게 최소한의 책임으로 제기한 문제인데, 무라야마 담화에서는 양심, 즉 개인의 내면적인 대응을 요청하는 도덕적 부분이 극히 드물다. 이것은 뜻밖이었다. 이 문제에 대한 회답은 결국 전승傳承과 교육밖에 없지 않을까 생각한다. 잊지 않는 것, 전쟁 전체를 기억하는 것, 그것도 공평한 형태로 기억하는 것, 그것이 앞으로의 과제가 될 것이다.

넷째로, 형이상적인 죄이다. 신만을 심판자로 세우는 형이상적인 죄라는 발상은 언뜻 무라야마 담화와는 동떨어진 듯하다. 그러나 야스퍼스가 죄의 근간에서 신을 심판자로 세우고 있는 점은 무라야마 담화의 위치를 생각해 볼 때, 중요한 힌트를 준다.

바이츠제커 연설을 이해하기 위한 전후의 사상가가 야스퍼스였듯이, 무라야마 담화의 정신적 배경에는 무엇이 관통하고 있을까? 야스퍼스·바이츠제커의 분석적 접근에서는 보이지 않는, 무라야마 담화의 포괄적 접근의 철학적·사상적 기반을 만든 일본의 사상은 없을까?

그러한 관점에서 일본의 사상사를 되돌아보았다. 그때, 내가 교편을 잡은 교토산업대학의 문화학부에서 철학을 가르치고 있는 모리 데쓰로森哲郎 교수가 '스즈키 다이세쓰鈴木大拙'를 연구해 보면 어떻겠냐고 했다.

스즈키 다이세쓰는 메이지부터 쇼와 전반에 걸쳐 활약한 불교학자로서 특히 선禪에 대하여 영어로도 책을 저술하고 미국 대학에서도 강의를 하여, 선을 해외에 널리 알린 인물로 알려져 있다.

야스퍼스와 비교해 다이세쓰를 생각해 보면, 적어도 3가지 점에서 아주 흥미로운 대비가 떠오른다. 야스퍼스와 다이세쓰는 독일 패전과 일본 패전이라는 극히 다른 현실에 직면하여, 같은 시기에 철학자·종교자로서 활동했다. 그리고 서구철학과 동양사상의 차이를 반영한 독자적인 대응을 하였다.

첫째로, 야스퍼스가 나치즘이 범한 죄를 논의의 전제로 두고 있는 데 반해, 다이세쓰는 군국 일본을 이끈 국가신도國家神道에 대해 가차 없이 비판하였다. 그것은 1944년의 초여름, 태평양전쟁의 한가운데서 출판된 『일본적 영성日本的霊性』이라는 책에서 억제된 표현으로 나타났다. ■ 이어 전쟁이 끝난 1945년 10월에 실린 제2판 서문에서는 이를 더 주저 없이 드러내 전

■ 같은 책에서 다이세쓰는 전쟁 수행의 사상적 핵이 되고 있던 국가신도의 배경인 신도사상에 대하여, '신도에는 아직 일본적 영성이라는 것이 그 순수성을 나타내고 있지 않다. 그리고 신사신도(神社神道) 또는 고신도(古神道) 등으로 칭해지고 있는 것은 일본 민족의 원시적 습속이 고정화된 것으로, 영성에는 다가가지 못하고 있다'는 표현을 통해, 전시 하에서의 표현으로서는 꽤 강한 비판을 하고 있다(스즈키 다이세쓰, 『일본적 영성』, 2010년, 35쪽).

쟁으로 휘몰아 간 일본사상을 비판하고 있다.■

나아가 그는 1946년 9월 전쟁과 신도를 가차 없이 비판한『영성적 일본의 건설靈性的日本の建設』을 펴냈다.

사상 신도思想神道 또는 '국학자國學者'로 자칭하는 사람들이 선전하는 신도인데, 이것도 그 협애성과 천박하고 경솔하며 격렬한 배타적 국가주의를 포함한다는 점에서 다른 신도와 보조를 같이 하고 있다. 이 신도는 신사 신도神社神道의 사상을 이루어 정치의 표면에 나와, 황실이 곧 국가라는 관념을 더욱 더 강조하고, 제국주의·군국주의 및 소위 팔굉위우八紘爲宇 사상의 선봉이 되어 선동한다. 국가신도는 오늘까지 군벌軍閥에게 이용되었고 또 그것을 이용해 왔다(『스즈키 다이세쓰 전집 제9권』, 94쪽).

둘째로, 야스퍼스가 서구철학의 분석적 사유를 통한 형이상학으로 신을 심판자로 하여 인간의 정신성을 근거로 독일인의 긍지를 밝히려고 한 데 반해, 스즈키 다이세쓰는 일본인이 세계에 자랑할 만한 일본의 사상을 나타냄으로써 붕괴된 일본의 정신적 긍지를 굳게 지키려고 했다.

『영성적 일본의 건설』의 서문에 해당하는 「전쟁 예찬(마왕의 선언)」은 힘에 대한 신망이 인류를 원폭에 의해 멸망에 이르게 하는 것임을 악마의 말을 빌려 표현하면서, '불탄 들판에서 새싹이 난 청초와 같은' 영성의 힘을

■ 도의(道義)가 무너진 것은 군벌·관료·재벌이라는 군벌주의의 3요소 그 자체로부터 폭로되어 왔다. 힘(力)은 군국주의·제국주의·전체주의 등과 같은 것의 상징이다. 고루(固陋)·편집(偏執)·천려(淺慮)의 극치인 국학자의 '신도'적 이데올로기는 이들 여러 이데올로기에 사상적 배경을 제공했다.(『일본적 영성』, 17·18쪽).

선명하게 묘사하고 있다(앞의 책, 27쪽). 다이세쓰에 의하면, 그러한 영성을 보유한 일본사상의 최고는 가마쿠라 불교에 있고, 그것은 호넨法然에서 신란親鸞에 이르는 정토계 신앙과 선종 사상을 통해 체현된다.■

절대 타력絶代他力에 대한 신앙 또는 선 수련을 통하여 만인이 도달할 수 있는 '영성'에의 길이 있다. '깨달음'이라고 해도 좋겠다. 그 진리가 일본적 영성으로 나타난 것이 가마쿠라 시대였다는 것이다.

셋째로, 바이츠제커는 야스퍼스가 남긴 정치적 책임에 대하여 길을 열었고, 동시에 형이상학과 도덕의 내면화를 지향함으로써 무라야마 담화와 관련성을 엿볼 수 있다. 스즈키 다이세쓰는 어떻게 해서 무라야마 담화와 관련을 가질 수 있을까?

우선 근본적으로 군국주의 일본과 그것을 휩쓸아 간 사상에 대한 비판이라는 점에서, 무라야마 담화와의 공통성이 보인다. 거기에 또 하나, 다이세쓰 사상의 근간에는 분석적인 사유에 의하지 않고 포괄적·직관적·무전제적 형태로 진리를 파악하려는 경향이 있다.

■ 일본적 영성(靈性)이 정성(情性) 방면으로 현저하게 드러난 것이 정토적(淨土的) 경험이다. 이를 가장 대담하고 명백하게 천명하고 있는 것이 호넨(法然)·신란(親鸞)의 타력사상(他力思想)이다. 일본적 영성의 정성적 전개라는 것은 절대자의 무연(無緣)의 자비심인 것이다. 절대자의 자비심은 악에 의해서도 가로막히지 않고, 선에 의해서도 더 열리지 않을 정도의 절대적인 무연(無緣)이다. 즉 분별을 초월하여 존재한다는 것은 일본적 영성이 아니면 경험할 수 없는 것이다.(앞의 책, 39쪽)
일본적 영성이 지성의 방향에 나타난 것이 일본 생활의 선(禪)이다. 선은 가마쿠라 시대 무사생활의 한가운데에 자리를 잡았다. 바로 싹이 나려고 하는 일본 무사적 영성을 위해 지금까지 막혀 있던 통로를 피해 나갔다고 말할 수 있다(『일본적 영성』, 36·39쪽).

어떠한 조건의 개재介在 없이, 중생이 무상존無上尊과 직접적으로 교섭한다는 점은 이원적 논리의 세계에서는 불가능한 일에 속한다. 그것을 일본적 영성이 아무런 구애 없이 술술 해낸 것이다.

두 개의 사물 사이에 매개자를 두지 않는다는 것이다. 아무 것도 갖지 않고, 그 몸 그대로 상대의 마음 속에 뛰어드는 것이 일본정신의 밝은 점인데, 영성의 영역에서도 이것을 말할 수 있는 것이다(『일본적 영성』, 39~40쪽).

이 비분석적인 접근이야말로, 무라야마 담화의 논리 구축과 공통되는 또 하나의 점이 아닐까 한다. 무라야마 담화는 '일본'이란 무엇을 가리키는가 하는 정의도 없고, '침략'의 정의도, '식민지 지배'의 정의도 없다. 그럼에도 '마음으로부터의 사죄'를 하고 있다. '정의가 없다'는 것이 실은 무라야마 담화가 비판받는 원인이기도 했다. 야스퍼스 등의 서양의 분석적인 방법에서 보면, 그 비판에는 이유가 있었다.

그러나 무라야마 담화는 거꾸로 정의를 내리지 않았기 때문에 지금까지 어느 정부도 할 수 없었던 것을 했고, 담화 발표 후 20년 가까이 지난 관점에서 새로운 힘을 계속 얻고 있다고 생각할 수 있지 않을까.

다이세쓰는 '일본적 영성'이란 말로써, 선과 정토종 속에 포함된 사물의 본질과 진리를 한 번에 움켜쥐고 있는 듯이 표현하는 것처럼 보인다. 이 지점에 양자를 포함하여 지금부터 생각해 가야 할 열쇠가 있다.

무라야마 담화에 대한 비판

그럼 내가 지금 그 의의를 도출하려고 하는 무라야마 담화에 대하여 세계에서, 중국에서, 한국에서, 대만에서, 미국에서 어떻게 평가되고 있을까? 이미 기술한 『Japan and Reconciliation in Post-war Asia : The Murayama Statement and Its Implications』을 집필할 때, 공동연구자와 가장 논의했던 것이 바로 그 점이었다. 그 결과 서로 상반된 평가가 있었다.

우선 무라야마 담화가 무의미하다는 의견은 없었다. 일본인의 성의 있는 대응의 한 측면으로 무의미하다고 말할 수는 없다는 것이다. 침략과 식민지주의를 비교해 보면, 식민지주의 쪽으로 평가되고 있었다. 국제사회의 식민지주의에 대한 객관적 분석은 정치적으로나 역사학·정치학·국제관계론 등의 학문적으로나 극히 뒤쳐져 있다. 19세기 중반에 시작된 구미 열강의 동북아시아 진출에는 아직 충분한 초점이 맞춰지고 있지 않다. 그 가운데 무라야마 담화가 깨끗이 인정하고 있는 점은 구미 각국의 현재 행동과 대비하여 볼 때 일본을 평가할 수밖에 없는 것이 있었는지도 모른다.

다음으로 부정적인 평가에 대해서 말하자면, 중국과 한국 학자들이 각각의 입장에서 비판했다. 가장 많은 비판은 정치적 관점에서 책임을 지고 있다는 나의 설명에 대해, 그렇다면 좀 더 구체적인 행동이 동반되어야 하지 않는가 하는 점이었다. 야스퍼스, 바이츠제커의 양심과 신에의 내면화에 비하여, 무라야마 담화에 도덕적·내면적 모티브가 결여되어 있다는 비판은 당연히 있었다. 그러나 스즈키 다이세쓰를 배경으로 하는 무라야마 담화의 포괄성·직관성·무전제성에 대한 나의 논의에 대해서는 모두 놀라는 눈치였다. 이러한 해석은 들어 본 적이 없었기 때문일 것이다.

무라야마 담화가 여러 가지 문제에도 불구하고 국제적으로 일정한 위치를 차지하고 있을 때 일본 국내에는 이 담화에 대한 맹렬한 비판이 나왔다.

최근 가장 주목받는 것은 전 외무차관·주미대사 무라타 료헤이村田良平다. 외무성이 대체로 이 담화에 의거하면서 1990년대 후반 이래 화해 외교를 추진해 온 것은 이미 기술했다. 외무성 직원들의 대부분은 이 담화의 사고방식을 지지해 왔다고 생각한다. 무라타 료헤이는 나카소네中曾根 내각의 대외정책 추진의 핵심이 되어, 외무 관료의 고위직에 오른 인물이다. 그만큼 무라타의 격렬한 비판을 전 외무성 직원으로서 정면으로 대면해야 한다고 생각해 왔다. 결론부터 말하자면, 설득력이 있는 점도 있지만, 현재 국제사회의 전체상을 바탕에 두고 있지 못하다는 인상을 지울 수 없다. 무라타 주장의 핵심은 다음 4가지로 집약된다.

1. 일본의 전쟁과 역사에 대한 국가로서의 단절은 전후 체결된 여러 조약에서 결정이 난 것이며, 그 이상 되돌아가야 할 단계는 없다.

2. 침략이든 식민지 지배든 개개의 국면에서 상대 측에 준 피해로 인해 문제가 있었다고 해도, 국제적인 현상에서 보면 그 시대의 국제사회에서 받아들일 수 있었던 현상이고, 일본만이 국제사회에서 유일하게 사죄를 하는 것은 자학주의 이외에 아무것도 아니다.

3. 그러한 자학주의에 의한 자기비판은 국가의 대의를 믿고 죽어간 사람들에 대해 결코 해서는 안 될 일이다.

4. 무라야마 담화에 의한, 어리석고 못난 자기비판은 지금의 중국과 한국을 포함해 국제적으로도 전혀 평가받지 못하고 있다(『무라타 료헤이 회상록(하)』, 2008년, 368~380쪽).

무라타의 주장에 대해서 내 나름의 반론을 해 보고자 한다.

1에 대해서는, 국제사회 복귀에 즈음한 조약의 의미는 지적한 대로이다. 그렇지만, 그 후의 국제사회를 되돌아보았으면 한다. 특히 냉전 종식 후에는 조약 체계의 처리에 만족하지 않는 개인이 스스로 그 보상을 상대국에 제기하고 있다. 중국과 한국의 개인 및 정부가 일본에게 여러 가지 이유로 문제제기를 하고, 그것이 국가 간에 큰 문제가 되고 있다. 정치적·도덕적 관점에서 전쟁에 대한 사고방식을 일본의 입장에서 새롭게 표명하는 것은 결코 이상한 일이 아니다.

2에 대해서는, 앞에 쓴 대로 이 담화는 국제적으로 전례 없는 포괄성을 갖고 일본의 침략과 식민지 지배를 사죄하고, 미래를 향해 행동할 계획을 보여주고 있다. 자국의 의사를 무력을 통해 상대국에 강제하는 것을 침략이라고 한다면, 현재 유엔 헌장하의 국제사회에서 이 관념 자체가 완전히 부정되고 있다. 식민지주의에 대해서는 말할 것도 없다. 무라야마 담화에서 취한 입장은 오히려 역사의 동향을 선취한 것으로 평가할 수 있지 않을까?

3에 대해서는, 무라타의 비판 가운데 내게 가장 와 닿은 것은 당시 조국의 미래를 위해 죽어간 사람들에 대해 그 목숨을 바친 목적을 부정해서 되겠는가 하는 문제이다. 그러나 이 문제에 대해서도 전후 일본은 이미 수많은 번민을 계속해 왔다. 패전 후, 역사의 부조리를 가장 가혹한 형태로 체험하고, B급 전범으로 사형당한 학도병의 비통한 유서는 아마도 무라야마 담화를 받아들이는 정신적인 기초가 될 수 있을 것으로 나는 생각한다. 아래에 일부를 인용해 무라타에 대한 회답으로 삼고자 한다.

일본은 졌다. 전 세계의 분노와 비난의 한가운데에서 진 것이다. 일본이 지금까지 감히 저질러 온 수많은 인간의 도리에 어긋나 있는 것들을 생각할 때, 그들이 분노하는 것은 아주 당연하다. 지금 나는 세계 모든 인류에 대한 위로의 하나로서 죽어 가는 것이다. 이로써 세계 인류의 심정이 조금이라도 가라앉는다면 좋겠다. 그것은 장래 일본에 행복의 씨앗을 남기는 것이다. …… 일본의 군대를 위해 희생할 뿐이라고 생각하면 차마 죽지 못하겠으나, 일본 국민 전체의 죄와 비난을 한 몸에 지고 죽는다고 생각하면 화도 나지 않는다. 웃으며 죽어갈 수 있다. …… 푸념을 하려면 패전을 예측했으면서도 이 싸움을 일으킨 군부에 할 수밖에 없다. 그러나 또 다시 생각해보면 만주사변 이래 군부의 행동을 허용해 온 모든 일본 국민에게 그 먼 책임이 있음을 알아야만 한다.∎

4에 대해서는, 앞에 기술한 대로 5개국 연구가 추진한 무라야마 담화 재고再考 프로젝트에서 밝힌 것처럼 일본 측의 화해 입장이 가장 선명하게 표현되고 있는 것으로 평가하고, 특히 식민지 정책에 대해 세계 제국주의 국가 중에 이 담화가 가장 솔직하게 자기비판하고 있다는 점에 대한 긍정적인 평가도 높았다.

독일이 역사를 극복하는 데에는 학살의 성격, 동서 분열, 분석적인 서구 정신세계, 기타 많은 요인이 있었다. 마찬가지로 일본에는 책임에 대한 '선 긋기'의 곤란함, 통일 국가로서의 조약 처리의 중요성, 포괄적인 정신 풍토 이외에 많은 요인이 있었다. 그러는 와중에 여러 번민을 헤쳐 오며 '무라야

∎ 기무라 히사오, 1946년 5월 23일, 싱가포르 창기 형무소에서 전범 사형 집행. 28세. 『신판 들어라 해신의 소리(きけわだつみのこえ)』, 1995년, 445~446쪽.

마 담화'가 형태를 갖추었고, 마침내 세계 속의 어느 국가도 할 수 없었던, 시대를 선취한 평가를 얻기 위한 노력이 시작되었다. 이것이 일본적 영성으로 뒷받침된 사상으로 이해받을지도 모른다. 그런 의의를 스스로 부정하려는 것은 실로 유감스러운 일이라고 생각한다.

이제부터 일본이 가야 할 방향과 사고의 지침은 무라야마 담화를 명백히 되새기고 그 입장을 강화해 가는 데에 있다고 해야 할 것이다.

아베 내각은 '무라야마 담화의 계승을 확인하면서 미래지향적인 아베 담화를 발표하겠다'는 의향을 표명해 왔다. 이 원고를 쓰고 있는 시점에서, 그 시기는 백지라고 했으므로 지금 당장이라는 뜻은 아닌 것 같지만, 나는 지금의 일본 상황에서 역사인식 문제를 중심으로 한 '미래지향 담화'를 내는 것에는 강한 위화감을 느낀다.

무엇보다도 우선, 어디에 시비곡직이 있든지, 중국과 한국과의 관계에서 일본은 지금 화해에 이르지 못하고 있다. 중국과의 관계에서는, 센카쿠 문제의 역사 문제화라고 하는 새로운 요인이 더해짐에 따라 역사인식 문제가 새로이 첨예화되고 있다. 한국과의 관계에서도 위안부 문제가 다시 타오름에 따라 역사인식 문제가 지금 심각한 긴장 상태에 놓여 있다. 역사인식 문제와 관련하여 '미래지향'이라는 말을 일본 측이 꺼내는 것은 자제해야 한다고 나는 생각한다. 피해자의 입장에서 보면, 가해자가 '미래지향'이라고 말하면, 그것은 '과거를 잊어버립시다'라는 것처럼 들린다. 이것이야말로 피해자 측이 결코 듣고 싶지 않은 말이다. 이 단순한 심리에 생각이 미치지 못할 정도로 지금 일본인의 마음은 약해져 있고, 자기중심주의적 민족이 되어 버린 것일까. 역사인식에 대하여 말하면, '미래지향의 미래'라는 것은 중국이나 한국이 일본에 보내야 할 말이다. 양국이 그러한 대일관계를 만들도

록 하기 위해 일본이 할 수 있는 일이 무엇인가를 생각하는 것이야말로 중
요한 것이 아닐까? 일본이 스스로 세계에 그 말을 꺼내는 것은 부끄러운 일
이라고 나는 생각한다.

한국의 경우
고노 담화와 위안부 문제

격해지는 '한恨'의 정서

중국과의 역사 문제는 중국이 서구 열강과 일본에 의해 침략을 당한 굴욕의 역사에 기인한다. 일본은 가장 늦게 열강으로 등장했다. 그러나 군사적인 힘을 가장 앞에 내세웠다. 중화 주변 지역에 불과했던 일본에 당했다는 사실은 민족적 분노를 불러일으켰다. 이것이야말로 일본의 중국 대륙 침략에 대한 분노라고 말할 수 있다.

한국의 경우는 일본에 병합되어 36년 동안 나라를 잃은, 한 차원 다른 '한恨'이 배경이 된다. 내 계산으로는 이 '한'은 일본의 한국병합으로 흘러가는 과정에서 이중, 병합시대에 삼중, 독립 후에는 거기에 적어도 이중의 옥타브가 더 걸려, 실로 7중의 옥타브를 가지고 흘러왔다고 말할 수 있다. 1965년에 관계가 정상화되었다고는 해도 '한'의 뿌리는 깊다고 말할 수 있다.

우선, 민족의 굴욕감이 있다. 19세기까지 오랫동안 동아시아는 중화를 정점으로 하는 화이질서華夷秩序의 세계였는데, 조선은 동이 중에서 소중화小中

華를 자처하며, 중화에 가장 가까운 위치에 있음을 자임하는 긍지가 있었다. 바다를 사이에 두고 동이 세계에 있는 일본은 확실히 조선보다도 아래 세계에 있었는데, 그 하위의 나라에 지배당하고 굴욕을 맛보게 된 것이다.

다음으로 배신이 있다. 일본은 동아시아에서 급속하게 근대 국가의 길을 걷기 시작하여 청일전쟁의 승리를 통해 조선과 청의 종주관계를 단절시키고, 러일전쟁 개전 시에 체결된 한일의정서에서 '한국의 독립을 보장'했다. 한국 내에는 일본을 모범으로 하여 스스로 근대화를 이루고 독립에 이르고자 하는 생각이 있었다. 그럼에도 불구하고 그 일본에 의해 병합되었다.

병합에 즈음해서는, 탄압이 있었다. 병합에 저항하여 봉기한 의병들이 가차 없이 진압되었고, 1910년 병합 초기 무단통치가 이어졌으며, 이에 저항하는 3·1운동과 탄압으로 이어졌다.

다음으로 황민화皇民化의 움직임이 있었다. 무단통치 후 문화통치文化統治로 이어졌지만, 그 후 1930년대에는 일본 제국이 총력전으로 기울어감에 따라 황민화가 시작되었다. 그 대표적인 예로서 언급되는 것이 창씨개명인데, 한국인을 일본 제국의 충성스러운 신민으로 삼는 정책이었다.■ 소중화를 자랑으로 여겨 온 민족에게 견딜 수 없는 정체성 상실을 강요한 것이다.

그러나 한국인에게 가장 참기 어려운 것은 이 황민화 정책이 성공을 거두어 한국의 가장 우수한 청년들이 일본인처럼 혹은 그 이상으로 우수하게 미국을 상대로 싸웠다는 사실일 것이다. 특공대의 경우도 B, C급 전범의 경우

■ 역자주 : 창씨개명의 핵심은 친족(親族)중심의 한국사회를 천황제사회의 기반인 가장(家長)을 중심으로 한 가족단위의 사회로 바꾸는 것이 목적이었다. 나아가 징병제를 실시하기 위한 토대를 구축하는 것이 목적이었다.

도 일본 제국과 그 일부인 한국을 위해, 스스로 원하여 싸운 사례는 너무 많아 일일이 셀 수 없을 정도이다.[■] 단지 한국인으로서의 정체성을 잃어버렸을 뿐 아니라 일본인으로서 '정체성'을 적극적으로 가짐으로써 이중의 정체성 상실을 겪게 되었다.

전후에도 한국에 가혹한 운명이 닥쳐 왔다. 우선 그들의 책임이 전혀 없는 국제 정치의 틈바구니 속에서 남북이 분단 점령되는 예기치 못한 비극이 찾아왔다. 한국 측에서 보면 분단의 비극을 짊어져야 할 것은 전쟁의 책임자인 일본이었다.

나아가 분단된 민족이 서로 간에 싸우는 한국전쟁에 맞닥뜨렸다. 전쟁은 분명히 김일성 주도로 이루어졌는데, 서로를 살상한 민족의 비극은 부정할 방법이 없다.

이러한 경위 속에서 전후 한국이 새로운 국가 형성을 해 나갈 때 일본이라는 거울 속에 보이는 모든 것을 부정하는 '한'의 정체성이 형성되기 시작했다고 해도 크게 놀랄 일이 아니라고 생각한다.

식민 통치의 실태를 보자면, 일본이 한국에 대해 착취와 궁핍화와 폭력·학대만을 가했다고 하는 일부의 식민사관은 옳지 않다고 생각한다. 오히려 조선을 제국의 일부로 만들려고 한 일본은 조선에 자본을 투자하고, 근대화를 추진했다고 생각된다. 그러나 이러한 근대화 과정도 조선에서는 스스로

[■] 역자주 : 일제 강점기 조선의 청년들이 전쟁에 참가한 것을 황민화 정책이 성공한 결과라고 보기는 어렵다. 황민화 정책하에서도 여전히 조선인에 대한 차별은 존재했었다. 조선인 청년이 일본 병사로 전쟁에 참여한 것은 대부분 강압에 의한 것이었고, 자발적이라는 경우조차도 일본 제국이 아닌 한국인으로서의 정체성을 갖고 그 권리를 확보하기 위한 일환이라고 생각했기 때문이었다.

근대화를 이루지 못한 분노로 바뀐 것 같다.■ 그러한 역사 속에서 한국에서는 일본에 대해 반복적으로 제기하고 있는 4개의 '한'이 있다(박유하, 『화해를 위해 : 교과서·위안부·야스쿠니·독도』, 2006년). 그 문제들이 해결에 근접했다고 생각하면 또 폭발한다. 한일은 그러한 역사를 반복해 왔다.

우선은 독도 문제가 있었다. 앞에서 상세히 서술했듯이 독도의 병합은 한국인의 눈에서 보면, 한국 병합의 전초이다. 그러므로 일본이 '독도의 영유는 정당하다'고 하면, 한국인의 귀에는 일본인이 '일본의 한국병합은 정당하다'고 하는 것처럼 들린다. 독도에 대한 이야기는 앞에서 충분히 썼으므로 여기서 거론하지 않겠지만, 독도 문제는 1960년대 '독도 밀약'이라는 하나의 공존책을 내고 있었다.

한국에서 또 다른 역사인식의 문제로 거론하는 것은 교과서 문제이다. 이 문제 자체는 1980년대 한 차례 큰 파고가 있었고 그 후에는 교과서 자체라기보다는 거기에 기술된 역사관이나 독도 취급의 문제로 다루어져 왔다.

야스쿠니 문제도 한국 측이 종종 거론한다. 그러나 앞 장에서 서술했듯이 이 문제는 저우언라이 테제로서 전쟁을 총괄할지 말지 하는, 중국과의 관계에서 문제가 된 것이다. 태평양전쟁에서 일본의 일부로 싸울 수밖에 없었던 한국 측에서 보자면, 야스쿠니에서 먼저 문제가 되는 것은 야스쿠니 신사에 합사되는 2만 1천여 명의 조선인 영령에 대해 어떠한 태도를 취할 것인가 하는 문제이다.

■ **역자주** : 일본의 식민지 통치가 조선의 근대화에 기여했다는 논리는 철저하게 제국주의적 시점을 반영하고 있는 것으로, 일본의 식민지 통치가 조선이 자신의 힘으로 근대국가를 건설할 수 있는 가능성을 말살했다는 역사적 현실을 무시하고 있는 것이다.

마지막으로 이 장에서 상세히 서술할 위안부 문제가 있다. 위안부 문제는 결코 한국 여성만이 해당되지 않는다. 그러나 이 문제에 관한 한국 측의 한의 깊이는 다른 나라와 차원이 다르고, 1990년대 한일 양국에서 격한 논의의 대상이 되어 왔다. 그렇다고 해도 '한'의 역사 속에서 한일은 여러 문제를 안고 있으면서도 조금씩 화해의 과정을 추진해 왔다. 그것은 1998년 오부치 게이조小渕恵三 총리대신과 김대중 대통령 사이에서 체결된 한일공동선언으로 정점을 맞이했다. 제2항의 일부를 인용해 보겠다.

오부치 총리대신은 금세기 한일 양국 관계를 회고하고, 우리나라가 과거한 시기 한국 국민에 대해 식민지 지배를 통해 다대한 손해와 고통을 주었다는 역사적 사실을 겸허히 수용하고, 이에 대해 통절한 반성과 마음으로부터의 사죄를 말했다. 김대중 대통령은 이러한 오부치 총리대신의 역사인식 표명을 진지하게 받아들이고, 이를 평가함과 동시에 양국이 과거 불행한 역사를 극복하고 화해와 선린우호 협력에 기초한 미래지향적 관계를 발전시키기 위해 상호 노력하는 것이 시대의 요청이라는 취지를 표명했다. 또 두 정상은 양국 국민, 특히 젊은 세대가 역사에 대한 인식을 심화시키는 것이 중요하다는 점에 대해 견해를 같이 하고, 이를 위해 많은 관심과 노력을 기울일 필요가 있다는 뜻을 강조했다.

오부치 총리는 무라야마 담화에서 진술한 내용을 재현하고, 그것이 식민지 지배라는 관점에서 한국을 향한 것임을 명확히 했다. 김대중 대통령은 "과거의 불행한 역사를 극복", "미래지향적인 관계"를 만든다는 키워드를 제시했다. 화해의 성립으로는 완벽하다. 왜 한일 양국이 이 공동선언에 쓰여진 화해를 지속할 수 없는 것일까? 공동선언 인용 부분의 후반, "젊은 세대가 역사에 대한 인식을 심화시킨다"는 점에 열쇠가 있는 것이 아닐까?

일본은 한국에 사죄했다는 사실, 한국은 일본과 미래지향적 관계를 구축해 가는 결단을 했다는 사실을 다음 세대에게 전하지 않으면 안 된다. 유감이지만, 한일 양국에서 이 노력이 충분이 이루어지고 있지 못하다. 그러한 큰 시각을 잃어버리지 않으면서 위안부 문제에 대해서 생각해 보자.

고노 담화란 무엇인가

2011년 여름 이후 한일 간에 큰 어려움을 안고 등장한 것이 위안부 문제이다. 이 문제에 대해 박근혜 대통령이 어떻게 대응할지는 예단할 수 없다. 아베 정권의 대응 여하에 따라서는 이 문제가 한일 양국간 문제를 넘어, 미국을 비롯한 구미 제국과 일본 사이에 예측할 수 없는 심각한 대립을 불러일으킬 가능성이 있다.

만일 그러한 대립에 이른 경우에는 미일 동맹의 근간에 직격탄을 가할 수 있다. 중국과의 무력 분쟁이 발생해도 일본은 미국에게 지켜야 할 동맹국은 아니라는 치명적인 인상을 줄 위험성이 있다. 게다가 이 문제가 국제적으로 어떻게 큰 불씨로 이어질지 일본 국내에서는 아직 충분히 알려지지 않고 있다. ■

이 문제를 둘러싸고 지금 일본에서 형성되고 있는 통념은 일본인 내에서만 의미를 갖고, 일본 밖에서는 통용되지 않는다. 일본인의 눈으로 본 '정론'을 서술하면 왜 국제적으로 수용되지 못할까? 그것은 이 문제를 받아들이는 세계의 대세가 일본 국내와는 완전히 다른 시점에서 이 문제를 보기 때문이다. 이 세계의 대세에 대한 정확하고 예민한 정보를 입수하여 그에 유효하게 대응하지 않는 한, 일본은 다가올 외교 전쟁에서 패배할 것이 확실하다.

여기서는 먼저 이 문제에 대한 지금까지의 동향을 한국과 미국의 입장에서 분석하고, 이어서 과거 2년간 어떻게 사태가 악화되었는가를 다시 한국과 미국의 동향에서 분석하고자 한다. 그리고 마지막으로 아베 정권하에서 일본이 정말로 승리하기 위해 앞으로 어떻게 해야 할 것인지에 대해 생각해 보고자 한다.

1980년대 말부터 1990년대 초에 걸쳐 위안부 제도의 범죄성을 지적하고 한국·유엔에 문제를 제기하는 사람들이 나타났다. 대표적인 논객으로 요시미 요시아키吉見義明가 있다. 내가 쓴 『역사와 외교歷史と外交』 제2장 '국가의 긍지로서의 위안부 문제'에서 '제도적 강간파制度的レイプ派'로 소개한 사람들이다.

일본 측의 이러한 움직임과 동시에 한국 측에서 문제가 제기되어, 1992년 1월 미야자와 기이치宮澤喜一 총리의 방한 이후 잠시 동안 한일 협상의 최대 문제가 되었다. 1993년 2월 김영삼 대통령 취임을 앞두고, 다양한 절충이 계속되어, 같은 해 8월 4일 고노 담화河野談話가 발표되었다.

■　위안부 문제에 관한 위기의식을 『세계』 2012년 12월호에 「우리들은 어떠한 한일관계를 남기고 싶은 것인가」라는 제목으로 투고했다.

위안부 관계 조사 결과 발표에 관한 고노 내각관방장관 담화

헤이세이平成 5년(1993) 8월 4일

이른바 종군위안부 문제에 대해서 정부는 작년 12월부터 조사를 추진해 왔으며, 이번 그 결과가 정리되었으므로 발표하기로 한다.

이번 조사의 결과, 장기에 그리고 광범한 지역에 걸쳐 위안소가 설치되어 수많은 위안부가 존재했음이 확인되었다. 위안소는 당시 군 당국의 요청에 따라 설치된 것으로, 위안소의 설치, 관리 및 위안부의 이송에 대해서는 구 일본군이 직접 혹은 간접적으로 관여했다. 위안부의 모집에 대해서는, 군의 요청을 받은 업자가 주로 이를 담당했으나, 그 경우에도 감언, 강압에 의하는 등 본인들의 의사에 반하여 모집된 사례가 많았고, 더욱이 관헌 등이 직접 이에 가담한 경우도 있었음이 확실해졌다. 또 위안소에서의 생활은, 강제적인 상황하에서 참혹한 바였다.

또한, 전쟁터에 이송된 위안부의 출신지에 대해서는, 일본을 별도로 하면, 조선반도가 큰 비중을 점하고 있었는데, 당시 조선반도는 우리나라의 통치하에 있었고, 모집, 이송, 관리 등도 감언, 강압에 의하는 등 총체적으로 본인들의 의사에 반하여 이루어졌다.

어찌되었든 본 건은 당시 군의 관여하에 다수의 여성의 명예와 존엄을 깊이 상처 입힌 문제이다. 정부는 이 기회에 다시 그 출신지 여하를 불문하고, 이른바 종군위안부로서 수많은 고통을 경험하고 몸과 마음에 치유하기 어려운 상처를 입은 모든 분들에게 마음으로부터의 사죄와 반성의 뜻을 말씀드린다. 또, 그러한 뜻을 우리나라가 어떻게 표현할 것인가 하는 점에 대해서는 지식인의 의견 등도 구하면서, 앞으로 진지하게 검토해야 할 것으로 생각한다.

우리들은 이러한 역사의 진실을 회피하지 않고, 오히려 이를 역사의 교훈으로 삼아 직시하고자 한다. 우리들은 역사 연구, 역사 교육을 통해 이러한 문제를 오래 기억하고, 같은 잘못을 결코 반복하지 않겠다는 굳건한 결의를 다시 표명한다.

또 본 문제에 대해서는, 일본에서 소송이 제기되고 있으며, 또한 국제적으로도 주목 받고 있어 정부로서도 앞으로 민간 연구를 포함해 충분히 관심을 기울여 가고자 한다.

한일 간의 대립은 이 고노 담화를 통해 일단 결론이 난 것처럼 보였다. 그렇지만 고노 담화를 기초로 1995년 활동을 시작한 '아시아여성기금'을 둘러싸고, 한일 간의 대립은 다시 불타올랐다.

1965년 한일 청구권·경제협력 협정 체결을 통해 이른바 청구권 문제는 '완전히 그리고 최종적으로 해결되었다'는 입장에 저촉되지 않기 위해 일본 정부는 보상금을 민간 기부를 통해 조달하는 방법을 택했다. 이에 대해 한국 측은 일본이 법적 책임을 회피한다면서 강렬하게 비판했다. 당초 총리대신의 사죄의 말과 보상금을 받은 전 위안부 7명에 대해서도 격렬한 사회적 비판이 있었다.

한편, 일본에서도 이른바 우파로부터 고노 담화는 심한 비판을 받았다. 『역사와 외교』에서 '공창파'로 소개한 그룹으로, 이들은 위안소 설치는 전지에서의 공창제도이고, 당시 사회상황에서는 그 나름 수용할 수 있는 것이었다고 주장했다. 특히 위안부 모집이 본인의 의사에 반하여 강제적으로 이루어진 사실을 시사하는 부분에 대해서 이른바 '강제연행'(싫다고 울부짖는 사람을 폭력을 써서 데려감) 같은 사실관계를 보여주는 증거는 남아 있지 않다고 하여, '강제연행'은 고노 담화에 대한 가장 첨예한 비판이 되었다.

그 결과, 1990년대 후반에 걸쳐 실로 모순된 상황이 생겨났다. 국내적으로는 1990년대 후반에 걸쳐 '강제연행'에 대한 격론을 통해 대립하는 두 파 사이에 일정한 합의가 생겼다.

하나는 1983년 출판된 요시다 세이지吉田淸治을 통한 『나의 전쟁범죄私の 戰爭犯罪』에서 진술된 제주도 성산포에서의 '노예사냥 같은 강제연행'은 날 조라는 것이 명백해졌다. 각 위안부 분들의 증언에서도 '강제연행'을 명시 하는 발언은 적었다.

또 요시미 요시아키, 가와다 후미코 川田文子의 『'종군위안부'를 둘러싼 30개의 거짓과 진실「從軍慰安婦」をめぐる30のウソと真実』(1997)에서는 일본 측 문서자료를 통해 '관헌에 의한 노예사냥 같은 연행이 조선·대만에서 있 었다는 것은 확인되지 않았다'는 평가에까지 이르렀다고 할 수 있다.

이렇게 일본 국내에서 협의의 '연행'에 대한 합의가 성립된 것이 세계의 상식에서 벗어나는 '갈라파고스 화'를 초래했다고 생각된다. 그것을 이해하 지 못한 우파 논객과 정치가는 고노 담화에서 오해의 여지를 준 '강제연행' 에 대한 '진실'을 드디어 한국과 세계를 향해 확실히 말할 때가 왔다는 기운 을 강화시키고 있는 것은 아닐까?

그리하여 2006년 성립한 아베 신조 내각에서는 고노 담화의 입장을 계승 한다고 하면서도 그 담화에서 말한 '강제성'을 부정했다.

즉 "발표 때까지 정부가 발견한 자료 속에는, 군이나 관헌을 통한 이른바 강제연행을 직접 나타내는 기술은 보이지 않았다"라는 쓰지모토 기요미辻元 淸美 의원의 질문서에 대한 답변서를 채택한 것이다(2007년 3월 16일).

일본은 인권을 부정하는가?

바로 이때 아베 총리의 문제의식이 세계, 특히 미국의 문제의식과 완전히 떨어져 있음이 전 세계에 밝혀졌다. 2007년 3월 16일 질문서에 대한 회답이 결정되기 전인 3월 1일, 즉석간담회에서 아베 총리는 "당초 정의되었던 강제성을 뒷받침하는 것은 없었다. 증거가 없었다는 것이 사실이 아니었나 생각한다"는 발언을 했다. 울부짖는 사람을 강제로 데려오는 협의의 '강제연행'은 없었다는 취지의 발언이었다.

그런데 이 발언이 "아베 총리는 위안부에 대한 (일체의) 강제성을 부정하고, 고노 담화의 수정을 기도하고 있다"고 하는 AP통신과 다음 날인 3월 2일 『뉴욕 타임즈』 기사로 보도된 이후, 사태가 일변했다.

나는 당시 미국 서해안 캘리포니아 주립대학 산타 바바라 캠퍼스에서 교편을 잡았고, 5월에는 같은 대학의 하세가와 쓰요시長谷川毅 교수와 '일본의 역사 문제'에 대한 국제 심포지엄을 준비하고 있었다.

아베 총리를 위안부 문제의 '부정자denier'로서 규탄하는 미국 매스컴의 논조는 상상을 초월할 정도로 굉장했다. 일본어 활자로 하면 아무래도 표현할 수 없는, 피부로 느껴지는 무서운 '일본 부정론'이 돌연 터져나왔다. 아베 총리는 이 상황에 재빠르게 대응했다. 3월 11일 이후, 위안부의 고통에 대한 공감과 고노 담화에 대한 계승을 명백히 하였고, 협의와 광의의 구별에 대한 언급을 삼가고, 4월 26일, 27일 방미 중에도 겸허한 자세를 취하는 것으로 일관했다. 사태는 일단 진정되는 것처럼 보였다. 5월 23일부터 3일간에 걸쳐 이루어진 역사 문제 심포지엄에서는 나는 당초 예정되어 있지 않았던 위안부 문제에 대한 논문을 쓰게 되었다. 나는 아베 총리는 위안부 문제를 부정하지 않음을 지적함과 동시에, 나 자신은 '고노 담화파'로서 위안부 분들에 대한 겸허한 자세와 사죄의 뜻을 표명한다고 서술했다. 또, '20만 명의 강간센터'(1996년 유엔인권위원회 구마라스와미 보고, 1998년 맥두갈 보고)는 아니었다는 취지가 잘 전달되도록 끈기 있게 주장했다. 회합 후에 논의에 참가한 미국인들로부터 들은 말은 세계가 이 문제를 어떻게 보는지 알려 주었다. 이는 청천벽력같은 것이었다.

① 일본인 사이에서 '강제연행'이 있었는지 없었는지에 대한 논의는 이 문제의 본질에서 완전히 무의미하다. 세계의 많은 사람들은 누구도 거기에 관심을 갖고 있지 않다.

② 성, 젠더, 여성의 권리 문제에 대해서 미국인은 옛날과는 완전히 다른 생각을 갖고 있다. 위안부 이야기를 들었을 때 그들이 생각하는 것은 '자신의 딸이 위안부가 되었다면 어떻게 생각할 것인가' 하는 것뿐이다. 오싹한 상상이며 이것이 문제의 본질이다.

③ 하물며 위안부가 '감언으로' 즉 속아서 온 사례가 있었던 것만으로 완전 아웃이다. '감언에 속아서' 깨달았을 때에는 이미 도망갈 수 없는 것과 '강제연행'이 무엇이 다른가.

④ 이것은 비역사적인 논의이다. 현재의 가치관으로 과거를 돌아보고 논의하고 있는 것이다. 만약 그러한 제도를 '옛날에는 어쩔 수 없었다'고 하고 긍정하려 한다면, 여성 권리의 '부정자denier'가 되어, 동맹의 일원으로 받아들이는 것도 곤란한 나라가 된다.

⑤ 쉬운 예로 말하면, '건국 무렵 미국은 노예제를 받아들이고 있었기 때문에, 역사적으로는 노예제는 당연한 제도'라는 논의가 지금의 미국

에서는 전혀 받아들여지지 않는 점은 일본인도 이해할 수 있지 않은 가. '위안부 제도는 역사적으로는 어쩔 수 없었다'라는 논의는 그것과 완전히 똑같이 들린다.

⑥ 당신은 고노 담화를 기초로 겸허한 자세로 발언했다. 그래서 모두들 '강간 센터가 아니다'라고 하는 당신이 말하고자 하는 바를 인내하며 듣고 있었다. 이 순서가 거꾸로 였다면 몇 명은 자리를 떴으리라 생각한다.

유감이지만, 이 심포지엄 직후에 바로 이 순서를 뒤집은 사태가 일어났다. 6월 14일 『워싱턴 포스트』에 실린 '강제연행은 없었다'는 일본인 지식인의 1면 의견광고이다. 광고 작성자의 의도가 어찌되었건 이 광고는 일본인은 위안부의 인권에 대한 부정자denier라고 하는 파멸적인 인상을 전 미국에 마구 뿌린 셈이 되었다.

그 결과, 가장 유감스러운 사태가 벌어졌다. 지금까지 하원 외교위원회 수준에서만 채택되고 있던 위안부 결의안(일본에 대한 공식 사죄 요구)이 7월 30일 역사상 처음으로 하원 본회의에서 채택된 것이다. 그해 가을, 네덜란드, 캐나다, EU의 의회에서도 마찬가지 결의안이 채택되었다.

다시 타오르는 위안부 문제

2007년 가을부터 정확히 5년의 시간이 흐르는 사이 사태는 가라앉은 듯이 보였다. 그러나 2011년 봄 무렵부터 한국과 미국에서 이 문제가 다시 타오르기 시작했다. 먼저 한국에서 일어난 일을 간단히 되짚어 보자. 2011년 8월 한국 헌법재판소에서 한국 정부는 위안부의 권리를 지키지 못하고 있다는 판결이 나왔다. 이 판결이 한국 국내 정치상 어떠한 힘 관계에서 나왔는지는 별도의 분석에 맡기기로 한다. 하지만, 이명박 대통령으로서는 대응하지 않을 수 없는 과제가 생긴 것은 틀림없었다. 같은 해 9월 21일 유엔에서 개최된 첫 노다野田 총리와의 정상회담과 같은 해 10월 19일 서울에서 열린 두 번째 정상회담에서 일본 언론의 예상과는 반대로 대통령은 위안부 문제를 직접적으로는 거론하지 않았다. 특히 서울에서의 정상회담에서는 한국 정부의 실무진이 준비한 발언 요령에 위안부 문제가 있었음에도 불구하고 직접 거론하지 않았던 것은 대통령의 판단이었다고 보도되었다(『아사히신문』 2011년 10월 20일).

　같은 해 12월 17일부터 18일에 걸쳐 이루어진 교토 방문에서 이명박 대통령의 온건한 자세는 돌변했다. 사태가 긴박해질 전조처럼, 서울 일본대사관 앞에 소녀 상이 12월 14일에 정식으로 설치되었다(『산케이신문』 2011년 12월 14일). 17일 오사카 공항에 도착한 대통령은 오사카 시내의 재일본 대한민국 민단과의 회합에서 위안부 문제를 거론하며 "해결하지 않으면 일본은 영원히 부담을 안게 된다"고 말했다(『산케이신문』 2011년 12월 18일). 또한 17일에 있었던 몇몇 사람들과의 저녁 식사 모임에서, 이명박 대통령은 지금까지 자타 공히 친일적인 정책을 취해 온 대통령으로서 위안부 문제에 대해 어떠한 대응이라도 해야 하며, 지금까지의 다양한 경위에도 불구하고 위안부였던 분들의 마음속에 남아있는 한을 제거하지 않으면 후회하게 될 것이라고 필사적으로 노다 총리의 이해를 구했던 것 같다. 그러나 대통령의 심금을 울리는 말은 끝내 노다 총리에게서 나오지 않았다(협상 당국의 내화).

18일 오전의 정식 회담에서 대통령의 말투는 매우 격렬해졌다. 대통령은 보도진이 참석한 가운데 회담 첫 부분에서 의도적으로 위안부 문제의 도화선에 불을 당겼다. "성의 있는 조치가 없으면(위안부였던) 할머니들이 돌아가실 때마다 제2, 제3의 상이 건립된다. 이대로는 할머니들의 '한'이 풀리지 않는다"고 했다(『산케이신문』 2011년 12월 19일). 그러다 12월 19일 낮에 발표된 김정일 북한 주석의 사망 때문에 위안부 문제는 잠시 언론 보도에서 모습을 감추었다.

보도에 따르면, 2012년 5월 13일 베이징에서 열린 마지막 한일 정상회담에서는 쌍방이 이 문제에 대해 조심스럽게 깊은 논의를 피했다고 한다. 이명박 대통령은 "교토에서 거론한 것은"이라고 말하고 '위안부'라는 말을 쓰지 않았다. 노다 총리도 "대통령과 함께 지혜를 모아 가고 싶다"고만 대답했다(『아사히신문』 2012년 5월 16일). 베이징 회담에서 실제로 양 정부가 어디까지 이야기를 했는지는 이러한 보도로는 충분히 전달되지 않았다. 하지만 이명박 대통령은 8월의 독도 방문에 대해 "일본이 그럴 의향이 있다면, (일본군 위안부 문제는) 해결할 텐데, 내정 때문에 소극적이므로 행동으로 보여줄 필요를 느꼈다"고 하여, 위안부 문제가 독도 방문의 방아쇠가 되었다고 말했다(『아사히신문』 2012년 8월 14일). 이후에도 이러한 보도는 끊이지 않았다. 예를 들면, 신각수 주일대사로부터 위안부 문제에 대해 일본 정부와 접촉한 결과에 대한 보고를 받고 이 대통령이 독도 방문을 결단했다는 보도가 있다(『아사히신문』 2012년 8월 26일).

미국의 문제의식

미국은 2007년 여름 하원이 위안부에 관한 대일 비난 결의안을 채택한 뒤 다양한 움직임이 있어 왔다. 먼저, 한인유권자센터KAVC가 유대 사회와 제휴를 추진하는 움직임을 보였다. 2011년 12월 이명박 대통령과 노다 총리의 정상회담과 보조를 맞추어, 뉴욕에서 심포지엄이 개최된 것이다. 찰스 랭글Charles Rangel 하원의원, 김동찬 KAVC 회장, 재미여성 권리 옹호자 단체, 한국계 인권단체 등이 주최위원회 또는 협찬 단체로 참여한 가운데, 홀로코스트 생존 여성 2명과 위안부였던 여성 2명이 참가했다. "각각의 운명을 공감하는 발언이 약 100명 참가자의 마음에 깊은 인상을 주었고, 회합의 대표자는 회의 경과를 설명하는 문서를 가지고 일본의 유엔대표부를 방문했다"고 한다(회의 관계자로부터 청취).

다음으로 기림비碑 건립 움직임이 있었다. 2012년 봄에는 뉴욕에서 동해안을 따라 북쪽에 위치한 뉴저지 주 팰리세이즈파크 시에서 소동이 일어났다. 2010년 가을 팰리세이즈파크 도서관 옆에 "일본 제국 군부에게 납치된 20만 명 이상의 여성을 애도한다"는 기림비가 세워졌다. 이 이야기가 2012년 봄부터 일본 측 관계자들의 주목을 받게 된 것 같다. 2012년 5월 1일, 뉴욕 주재 일본 총영사가 시장을 방문하여 고노 담화에 따른 일본 정부의 입장을 설명하고, 벚꽃 기증 등에 대해 얘기한 후, 기림비의 철거를 슬쩍 요청했다. '귀를 의심한' 뉴욕 시는 일언지하에 이 요청을 거부했다. 5월 6일에는 자민당 의원 4명이 뉴욕시를 방문하여 비의 철거를 분명히 요청했으나 뉴욕 시는 다시 이 요청을 거부했다. 일본에서 『아사히』, 『산케이』 등이 소홀히 다룬 이 사건은 5월 18일 『뉴욕 타임즈』에 사진과 함께 "기림비, 옛날부터 갖고 있던 증오를 더욱 깊게 하다"는 제목으로 대대적으로 보도되었다(『뉴욕 타임즈』의 표현에 의함).

이제 미국 전역에 적어도 젠더 활동가, 인권 옹호가, 그리고 일본 관계자들 사이에 이 문제가 다시 알려지게 되었다. 게다가 위안부 문제는 백악관과 국무부를 직격한 듯했다. 백악관에는 2만 5천 통 이상의 청원이 있는 경우에 이에 회답하는 관행이 있다고 한다. 5월 10일 '야스코·R' 명의의 청원 코너가 백악관 홈페이지에 설치되어, "잘못된 비난으로 일본인은 고통 받아 왔다. 팰리세이즈파크 비의 철거를 요구함과 동시에 국제적인 비난을 그치게 하기 위해"라는 메시지가 게재되었다. 온라인 서명 기한인 6월 9일 전날인 8일, 3만을 넘는 서명이 모였는데, 실제 회답 게재의 시기는 알 수 없다고도 보도되었다(『산케이신문』 2012년 6월 10일). 이 움직임 직후, ARF(A-SEAN지역포럼) 각료 회합에 출석하기 위해 한국을 방문한 힐러리 클린턴 국무장관이 놀랄 만한 발언을 했다는 보도가 나왔다. 워싱턴 일대에서 아시아 정보에 대해 높은 신빙성이 있다고 하는 웹 리포트에 7월 9일자로 클린턴 장관이 서울 모임 자리에서 "(위안부 문제는) '성 노예'의 이야기이고, 자신이 비상한 관심을 가지고 있는 여성 권리와 국제적으로 승인된 '인도에 반하는 죄'의 문맥에서 생각하지 않으면 안 된다"고 발언했다고 보도했다. 국무성의 이날 기자회견 표현에서는 클린턴 장관의 이 발언을 확인하지 않았다. 하지만 위안부 제도에 대한 비판은 충분히 강한 바가 있었다. "이들 여성의 취급은 '혐오스럽고 개탄할 만한 것'이며, '거대한 규모의 중대한 인권 침범'이다"라고 했다.

이 문제를 몇 번이나 논의한 나의 미국 친구들은 일련의 움직임에 대해 '제발 참아 달라'는 절망감을 숨기지 않았다. 2007년 '협의의 강제성 없음'

이라는 아베 총리 발언으로 전미 여론이 악화된 뒤, 『워싱턴 포스트』에 실은 '강제연행은 없었다'고 주장한 광고가 막 수습되려던 불씨를 폭발시켜 결국 하원 본회의 결의로 나아가버린 과정을 일본인은 잊어버린 것인가?

'인도에 반하는 죄'는 나치스의 유대인 학살을 심판하는 뉘른베르크 재판에서 다룬 중심적인 죄이다. 따라서 일본인은 흠칫 할지 모르지만, 집단적으로 강요된 성관계가 '인도에 반하는 죄'임은 지금은 국제법적 상식이 되어 있다. 국제형사재판소의 설립 규정에서 전시 성폭력이 '인도에 반하는 죄'의 정의 속에 들어간 것이다. 힐러리가 그렇게 말한 것은 오히려 당연하고, 그다지 놀랄 것도 없다. ▪

뉴저지 일본 총영사의 행동은 특히 놀라움으로 받아들여졌다. 우파 국회의원이 이 문제에 대해 강한 의견을 갖고 있는 것은 잘 알려져 있다. 그러나 외무성 직원이 움직이기 시작했다고 하면, 이것은 정권 자체의 완전한 우경화로서 받아들여져 비상한 긴장을 불러일으킬 것이다.

▪ 2002년 7월 1일 네덜란드 헤이그에서 상설 국제형사재판소가 발족했다. 이 재판소에 법적 기반을 준 1998년 7월 17일부의 『로마 규정』 제7조 '인도에 반하는 죄'(g)항은 '강간, 성적인 노예, 강제 매춘, 강요된 임신 상태의 계속, 강제 단종 그 외 온갖 형태의 성적 폭력으로서 이것들과 동등한 중대성을 가진 것'을 '인도에 반하는 죄'의 일부로서 명확하게 정의하고 있다. 일본은 이 재판소에 2007년 7월 17일 가입했다.

정치적 화해를 향하여

어떻게 하면 일본은 명예를 지키면서 이 문제를 수습할 수 있을 것인가? 유감스럽게도 이 문제에 대해 아베 정권은 참으로 불온한 스타트를 끊고 말았다. 2012년 12월 31일 『산케이 신문』에서 아베 총리는 고노 담화에 대해 "1993년의 고노 요헤이河野洋平 관방장관 담화는 관방장관 담화로, 각의에서 결정되지 않은 담화이다. 2007년 3월 아베 정권이 위안부 문제에 대해서 '정부가 발견한 자료에는 군이나 관헌을 통한 이른바 강제연행을 직접 나타내는 기술은 보이지 않았다'는 답변서를 각의 결정했다. 이러한 내용을 가미하여 관방장관이 내각 방침을 외부에 발표할 것"이라고 보도했다. 1월 3일자 『뉴욕 타임즈』의 사설은 이 인터뷰를 인용하면서 아베에 대해 맹렬한 비판을 가했다.

자민당 지도자인 아베 씨가 어떻게 이 사죄를 수정할 것인가는 확실하지는 않으나, 그는 지금까지 일본의 전시 역사를 다시 쓰고 싶어 함을 비밀로 해오지는 않았다. 이러한 범죄를 부정하고, 사죄를 희미하게 만드는 모든 시도가 일본의 전시 중 잔인한 지배에 피해를 입은 한국, 그리고 중국이나 필리핀을 격노하게 만들 것이다. 아베 씨의 부끄러워해야 할 이러한 충동은 북한의 핵무기 프로그램 등 여러 문제에 있어서 동북아 지역의 중요한 협력 관계를 위협할 수 있다. 이러한 수정주의는 역사를 왜곡하기보다 긴 경제 불황에서의 회복에 집중해야 할 이 나라에게 부끄러운 일이다.

'부끄러워해야 할 역사 수정주의자 아베 신조'라는 딱지는 『타임즈』계의 언론을 통해 전 미국을 돌기 시작했다.

오바마 정권의 고위 관료는 1월 17일, 고노 담화의 재검토에 대해 비공식적으로 일본 측에 우려를 전달하고 "몇몇 역사 문제는 역사가에 맡겨야 할 것이다. 정치적인 주제가 되면 예기치 못한 부정적인 결과로 이어진다"고 전했다(『아사히신문』 2013년 1월 18일). '일본은 전체적으로 좋은 출발을 보였으나 아베 총리의 신용은 땅에 떨어졌다', '아베 총리에 대한 미국 언론의 비판에 대해 뭔가 하지 않으면 안 된다'는 목소리가 미국인 친구들로부터 들려왔다. 여러 의미에서 일본은 실패할 여유가 없다. 아베 정권에서는 어떻게 해서라도 성공했으면 한다. 그러한 생각으로 1월에 CSIS^{Center for Strategic and International Studies}의 '퍼시픽 포럼'과 호주 국립대학의 '동아시아 포럼'의 웹 토론장에 다음과 같은 취지의 의견을 투고했다.

아베 신조 총리는 정권 제1기에 무엇이 일어났는지를 기억하고 있고, 그의 주변에는 그 당시 그의 보좌를 하고 사태를 수습한 야치 쇼타로, 가네하라 노부카쓰兼原信克같은 사람들이 있다. 조금 시간을 두고 아베 총리의 대응을 지켜봐 주었으면 한다.

사태에 바람직한 방향이 보이기 시작한 것 같다. 1월 31일 중의원 본회의에서 아베 총리는 고노 담화에 대해 "이 문제는 정치, 외교 문제화 시킬 것이 아니다. 총리인 제가 이 이상 언급하는 것은 삼가하겠다"고 발언했다. 이에 스가菅 관방장관은 "지식인이나 역사학자가 연구하고 있으므로 학술적 관점에서 새로운 검토를 더하는 것이 바람직하다는 것이 지금 우리들의 생각이다"라고 하여, 현 단계에서는 정부 차원에서 고노 담화의 재검토를

하지 않겠다는 보도가 있었다(『아사히신문』 2013년 2월 1일). ■

이날 아베 총리의 답변은 한 걸음 더 내디딘 것 같다.

지금까지의 역사 속에서 많은 전쟁이 있었고, 그 가운데 여성의 인권이 침해되어 왔습니다. 21세기야말로 인권 침해가 없는 세기로 만드는 것이 중요하고, 일본도 전력을 다해 힘쓰고자 합니다(『아사히신문』 2013년 2월 1일).

다시 한 번 말해 두고 싶다. 6년 전 아베 총리가 여성 권리의 부정자로서 미국의 집중포화를 받은 당시 역사상 처음으로 하원 본회의의 위안부 결의안이 채택되는 굴욕을 맛보았다. 이는 아베 총리의 책임이기도 하지만 미국 국민들의 심리를 이해하지 못한 일부 지식인의 의견광고의 결과이기도 하다.

6년 후, 일본을 둘러싼 국제 환경은 완전히 변했다. 센카쿠 문제를 둘러싼 일촉즉발의 상황이 생긴 것이다. 만일 최악의 시나리오가 전개된다면 일본의 존망을 가르는 것은 우선은 일본인의 각오와 숙고이다. 일본 외교가 세심한 주의를 쏟아 중국에게 도발하지 않는 것은 필수이다. 또 해상보안청과 자위대가 훌륭하게 싸우는 것도 필요하다.

그러나 일본이 미국과 깊은 곳에서 가치를 공유하는 국가라고 미국의 여론이 인정하지 않는 한, 일본을 위해 미국의 젊은이들이 목숨을 내놓겠는

■ 역자주 : 일본 정부는 고노 담화 작성경위에 관한 검증결과를 2013년 6월 20일 공개한 바 있다. 검증결과 발표 후 한국, 중국, 미국 등 여러 국가들은 재검토 자체가 과거에 있었던 사과의 진정성을 훼손시키는 것이며 이는 한일 관계를 악화시키고 뿐만 아니라 결국 미국의 이익을 침해하고 있다고 논평한 바 있다.

가? 일억옥쇄一億玉碎, 귀축미영鬼畜美英을 기치로 내세우고 미국과 싸운 지 68년, 일본은 부지런히 일하여 경제적으로 성공했을 뿐 아니라 민주주의 국가, 평화 국가로 미국을 비롯한 온 세계에서 인정받았다. 위안부 문제에 대한 대외 발언을 잘못하여 전후 세대가 쌓아올린 것까지 모두 잃고, 잘하면 세계적 고아, 최악의 경우는 국가의 형태를 잃어버릴 패전을 경험할 셈인가? 이 무지는 광기로 통한다고 말하지 않을 수 없다. 그러면 구체적으로 어떻게 할 것인가? 우선 한국과의 관계를 살펴보자. 원래부터 해결에는 절차가 필요하다. 지금 명확한 절차가 하나 있다고 생각한다. '아시아여성기금'의 연장선에서 새로운 제도를 만들고 일본 정부가 도의적 관점에서 사죄와 보상을 한다. 2007년 일본 최고재판소의 판결에서 위안부 문제를 유죄로 하지 않는다는 판례가 나왔다. 일본 정부는 이번에는 정부 예산을 사용해 보상금을 지불하는 것이 가능할 것이다. 한국에게는 일본의 전후 법적 질서 자체를 모두 파괴할 수 있는 '법적 책임의 소급'만큼은 피할 수 있다.

이를 통해 한일 간 정치적 화해의 기초를 만드는 것이다. 정치적 화해 후에도 일본은 이 문제에 대한 겸허함을 계속 유지하지 않으면 안 된다. 한국인 자신도 한국 사회 전체의 문제로서 위안부 문제를 다시 볼 때가 올 것임에 틀림없다.

미국 및 세계의 여론에 대해서는, 일본인도 '여성의 고통을 느끼는 민족'이라는 입장을 확고하게 한다. 고노 담화의 표현에 최적의 표현이 아닌 것이 있다고 해도 고노 담화가 '여성의 고통을 느끼는 일본'의 상징이 된 이상, 여기에 손을 대지 말고 존치시킨다. 물론 지식인의 논의를 부정하는 것은 아니지만, 이것은 정부의 틀 바깥에 둔다.

또 국제적으로는 유대인 로비단체와의 제휴를 강화한다. 뉘른베르크 재판 대상인 '인도에 반하는 죄'에 해당하는 홀로코스트(유대 민족의 말살)와 성·전쟁·빈곤 같은 복잡한 요소에서 서서히 나타난 '여성 인권'을 소급 적용한 위안부 문제를 같이 다룰 수 없다는 사실은 다름 아닌 홀로코스트의 피해자인 유대인이 오히려 이해하기 쉬울 수 있다.

유대인 로비 단체를 설득할 수 있는 유일한 방법은 고노 담화를 기초로 하는, 약자에 대한 일본인의 겸허한 자세에 있다.

대만의 경우
간과하기 쉬운 문제

중국의 군사 전략

현재 일본을 둘러싼 가장 심각한 문제는 센카쿠의 현 상태를 실력으로 변경하겠다고 중국이 국책으로 결정하고 추진하기 시작했다는 점이다. 왜 중국이 그런 전략을 취하게 된 것일까? 앞에서 서술한 것을 보충하여, 중국의 군사전략을 다시 한 번 생각해 보고자 한다.

1978년의 개혁개방 이래 중국은 한편으로는 경제 자유화를 통한 국부의 증대를 도모하면서, 다른 한편으로는 군사력 증강으로 새로운 해양 전략을 착실히 형성해 왔다. 이 전략은 '제1열도선' 구상으로서 덩샤오핑의 지시를 통해 1982년 류화칭劉華淸 해군사령관이 제기했다고 한다. 구체적으로는 규슈九州를 기점으로 오키나와 위쪽을 통과하여, 대만을 감싸는 형태로 필리핀과 보르네오 서안으로 남하하고, 반전해서 베트남의 호치민 시 근처까지를 아우르는 해역을 중국의 세력권 아래 두려고 하는 것이다. '제1열도선' 전략에 근거하여 1992년에는 센카쿠 열도, 서사西沙 제도, 남사南沙 제도

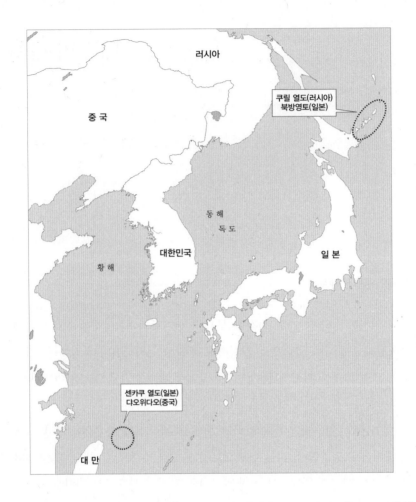

러시아

중 국

쿠릴 열도(러시아)
북방영토(일본)

동 해

독 도

대한민국

황 해

일 본

센카쿠 열도(일본)
댜오위다오(중국)

대 만

같은 동중국해, 남중국해에서의 영토 분쟁 지역을 모두 중국 영토로 규정한 '영해법領海法'이 성립되었다.

동중국해에서 남중국해에 이르는 해양 권익에 초점을 맞춰 보면, 대만이 두 개의 바다를 잇는 정확히 중심에 있는 것을 분명히 알 수 있다. 센카쿠 열도는 바로 그 북동쪽 가까운 곳에 위치하여 전략상의 요체에 있다. 대만은 지금까지 중국 국익에 불가결한 의미를 갖는 곳으로, '핵심적 이익'을 가진다고 주장되어 왔다. 그것은 1949년 중화인민공화국 성립 이래, 반드시 중국의 일부로 되돌려야 할 지역임을 내외에 천명함과 동시에 그 위치가 가지는 전략상의 중요성을 시사하는 개념이라 할 것이다.

2012년 봄부터, 중국의 논조 가운데 "센카쿠는 핵심적 이익이다"라는 발언이 나오기 시작했다. 일본 정부의 이도 명명 방침離島命名方針에 반발한 2012년 1월 17일 『인민일보』가 처음으로 '핵심적 이익'이라는 논평을 게재했다(『산케이신문』 2012년 1월 30일). 이어서 3월 2일, 일본 정부가 센카쿠 열도를 포함한 39개 섬의 이름을 발표하자, 다음 날인 3월 3일 중국은 마찬가지로 센카쿠를 포함한 71개 섬 이름을 발표했고, 이에 대한 일본 정부의 항의에 대해 바로 『인민일보』의 평론이 "핵심적 이익을 훼손한다"고 비판했다(『아사히신문』 2012년 3월 6일).

'핵심적 이익'은 센카쿠 열도가 반드시 탈환해야 할 역사적 정당성을 가진 지역임을 나타냄과 동시에 제1열도선 안에서 긴요한 전략적 위치를 가짐도 시사한다. 2012년 9월 25일 댜오위다오釣魚島 백서에서는 이 말이 사용되지 않았지만, 센카쿠 영유의 현실 정책을 이미 수행하고 있다는 백서의 주장은, 나에게는 '핵심적 이익'의 주장이라는 것과 정말로 종이 한 장 차이처럼 느껴진다.

이렇게 동중국해에서 남중국해에 걸쳐 중국은 대만과 센카쿠 열도라는 두 개의 연속한 지역에 대한 정당성을 정면으로 주장하기 시작했다. 우선 거기서 도출되는 것은 센카쿠에 관해 중국이 대만에 '일본에 대항하여 함께 싸우자'고 뜨거운 호소를 하고 있는 것이다. 센카쿠 백서는 실력 행사의 상시화를 선언한 부분에 이렇게 서술되어 있다.

지금까지 댜오위다오 문제는 홍콩·마카오·대만 동포, 그리고 해외 동포의 관심을 계속 모아왔다. 댜오위다오는 옛날부터 중국 고유의 영토인 바, 이는 모든 중국인의 공통된 입장이다. 중화 민족은 국가의 주권과 영토 보전을 지키려는 확고한 결의를 갖고 있다. 민족의 대의를 앞에 두고 양안兩岸 동포는 민족의 이익과 존엄을 함께 지키는 일에서 일치하고 있다. 홍콩·마카오·대만 동포와 국내외 화교華僑, 화인華人들은, 다양한 활동을 점차 전개하여 댜오위다오의 주권을 지키고, 중국인의 정의의 입장을 강하게 표명하고, 평화를 사랑하며, 나라의 주권을 지켜 영토 보전을 방위하고자 하는 중화 민족의 결의와 의지를 세계에 호소했다.

대만과 중국의 큰 차이

이러한 사태를 대만 측에서는 어떻게 보고 있을까? 일본의 언론을 보면, 대만이 중국의 호소에 응답하여 중국과 대만의 연대가 강해진 것처럼 보이기도 한다. 2012년 9월 25일 대만 어선 약 40척이 센카쿠 영해 안으로 침입하자 일본 해상보안청의 배가 물대포를 뿌린 사건이 일어났다(『아사히신문』 2012년 9월 26일). 중국에서 센카쿠 백서가 발표되어 긴장이 극도에 달한 때였다. 이 물대포 사건에서 중국·대만 연대 움직임을 느낀 사람들도 많았음에 틀림없다. 2012년 가을, 대화를 나눈 중국인의 말들에서 지금까지보다 더 빈번하게 대만 사람들과 센카쿠 문제에 관해 대화하는 기회가 늘어났음을 알 수 있었다. 특히, '댜오위다오 탈환'을 위해 활동가 사이의 연대가 강화된 것은 의심할 바 없어 보인다. 하지만 그것뿐일까? 마잉주馬英九 정부의 센카쿠 정책은 실제로는 어떠할까?

조금 조사해 보는 것만으로도 중국 정부의 정책과는 상당한 차이가 있음을 알게 된다. 물론, 마잉주 정부의 센카쿠 정책은 리덩후이李登輝 전 총통의 사고방식과는 크게 다르다. 리덩후이는 총통을 사임한 뒤 2002년 9월 24일자『오키나와 타임즈』의 인터뷰에서 "센카쿠 열도는 오키나와에 소속되어 있고, 일본의 영토이다. 중국이 아무리 영토권을 주장해도 증거가 없다"고 명확히 일본 영토임을 인정하였다(『산케이신문』 2002년 9월 25일). 그 후에도 그는, 2008년 9월 25일 나카이마 히로카즈仲井真弘多 지사 주최 오찬회에서도 센카쿠가 "일본 영토"라고 분명히 말했다(『요미우리 신문読売新聞』 2008년 9월 25일).

주권에 관한 마잉주 정권의 생각은 센카쿠는 대만 고유의 영토라는 것에 입각해 있고, 이 점은 마 총통 자신이 학생 시절부터 연구 주제로서 확신을 가지고 있었다고 전해진다. 하지만 마 정권의 정책은 문제 해결 방식에서 실력을 통한 영유권 증명이라는 중국의 정책과는 전혀 다르다. 해결 방법으로서 철저한 대화를 추구하고 있다. 중일 간 긴장이 고조되기 시작한 2012년 8월 6일 마 정권은 '동중국해 평화 이니셔티브'를 발표했다.

이 이니셔티브는 5개의 포인트로 구성되어 있다.

① 대립 행동을 상승시키지 않도록 자제한다.
② 쟁의爭議를 보류하고, 대화를 중단하지 않는다.
③ 국제법을 존수하고, 평화적 수단으로 쟁의爭議를 처리한다.
④ 합의를 추구하고, '동중국해 행동 기준'을 정한다.
⑤ 동중국해의 자원을 공동개발하기 위한 메커니즘을 구축한다.

나는 이 의견에 동의한다. 예를 들어, ④에 관해서 일찍부터 나는 '동북아시아 영토 문제의 해결을 위한 3원칙'으로 다음과 같이 주장해 왔다. ■

1. 현상 변경국은 물리적인 힘의 행사를 삼간다.
2. 실효 지배국은 전제 조건 없이 대화에 응한다.
3. 쌍방이 충돌을 회피하고, 협력을 확대하는 지혜를 탐구한다.

또 하나 대만의 입장은 철저하게 어업 문제를 중시한다. 이는 센카쿠 주변이 전통적으로 대만 어민에게 중요한 어장이었기 때문에 잘 이해할 수 있다. 이 점에서 대만은 일본 정부에 대한 불만이 있다. 일본과 중국은 1997년 중일어업협정이 새롭게 체결되어, 어업활동을 해도 좋은 수역이 정해져 있다. 불씨를 안고 있는 센카쿠 열도 주변의 어업 수역 또한 나타나 있다. ■■ 이에 대해 대만 대표부는 대만 어선에 대한 차별이라고 내심 분노를 숨기지 않는 분위기이다. 전임 펑지타이^{馮寄臺} 대표도, 션쓰팅^{沈斯淳} 대표도 같은 마음일 것이라고 생각한다.

이 문제를 두고 지금 다양한 보도가 나오고 있다. 그러나 나는 이번의 불행한 사태 속에서 한 가지 기쁜 소식이, 일본·대만어업협정의 대강이 1997년 중일어업협정과 같은 내용으로 체결되는 것은 크게 기대할 만하다고 생

■　최근에는 『이와나미 북렛』, 「'영토 문제'의 논법」(2013년 1월) 참조.
■■　1997년 중일어업협정은 센카쿠 주변의 해역을 6조(b)를 통해 규율하고, 이에 관한 교환공문에서, 이 '수역에서의 해양생물자원 유지가 과도한 개발을 통해 위협받지 않도록 하기 위해 협력관계에 있음을 전제로 하여' 어업에 관해 기국주의를 인정한다는 의도 표명을 중일 각각의 정부가 하고 있다.

각한다.

타이베이臺北의 교류협交流協 대표인 다루이 스미오樽井澄夫는 "올해 상반 기 안에 체결하고 싶다"고 발언했고 이는 실로 믿음직할 따름이다(『아사히 신문』 2013년 1월 16일).

리덩후이 전 총통은 말할 것도 없고, 센카쿠 주권은 단연 강고하게 대만 의 것이라고 주장하는 마잉주 정권도 센카쿠를 둘러싼 입장이 중국과는 이 처럼 다르다. 나는 지금 일본이 대만과의 골을 깊게 해서는 안 된다고 생각 한다.

반대로 오랫동안 우리들이 충분히 주의를 기울여 오지 않았지만, 대만이 지금 놓인 위치와 일·대만 관계에 다시 한 번 주의를 기울일 필요가 있다고 생각한다. 센카쿠 문제가 급부상한 지금 일본 국민 모두가 고민해야 할 긴 급한 과제가 아닐까 한다.

대만의 정체성

대만 문제를 생각해 보기 위해서는 우선, 대만의 역사를 되돌아보지 않으면 안 된다. 이 문제는 책 한 권으로도 다 쓰지 못할 것은 확실하지만, 그래도 되돌아보지 않으면 지금 일어나고 있는 일들의 본질을 이해할 수 없다.

대만이 근대사에 등장한 것은 400년 전으로 중국이나 한국 등에 비해 비 교적 새롭다. 스페인, 네덜란드, 명나라(정성공) 같은 외부의 개입을 받은 뒤, 1683년부터 '화외化外의 땅'으로서 청의 지배하에 놓였다. 화이질서의 가장 주변에 위치하고 있었던 것이다. 굴욕과 배신이 특징적인 조선의 병합

전 심리와는 차이가 있다고 생각된다.

청일전쟁에서 청이 패배하여 대만은 1895년부터 일본 제국의 최초 식민지가 되었다. 이를테면, 병합에 이르는 '한'이 없었고 오히려 자신들을 일본에 팔아넘긴 청에 대한 '한'이 남아 있던 대만에서는, 일본 통치를 통해 실현된 근대화·산업화·문명화에 대한 솔직한 평가가 쌓여간 것 같다.

전후 곧바로 중국 대륙에서 흘러들어간 국민당 지배하에서 2·28 국민폭동이 발생했다. 수만 명의 대만인이 목숨을 잃었다. 거기서 대만의 정체성은 '안티 차이나'가 되었다. 한국이 전후 국가 건설을 '안티 재팬' 위에 이루어 간 것과 결정적으로 다른 차이인 것이다.

1949년 장제스 정권 성립 후에는 계엄령과 백색 테러, 1971년에는 유엔 탈퇴, 미일과의 외교관계 단절. 그 어려운 상황에서 장징궈蔣經國, 리덩후이李登輝 같은 지도자를 얻어 냉전 종식 때에는 경제적으로 번영하였으며, 1996년의 총통 직접선거와 당 공약이 대만 독립인 '민진당民進黨' 창설로 양대 정당제의 성립이라는 훌륭한 민주주의 체제를 구축하였다.

그러나 2000년 민진당의 천수이볜陳水扁 정권 성립 이후의 대만은 어려운 길을 걸어가고 있다. 내가 아는 한 대만인의 대부분은 대만의 민주주의와 시장 경제력에 자부심을 갖고 있으며, 그러한 대만의 현상을 바꾸면서까지 중국과 하나가 되려고 생각하는 사람은 없다. 그러나 독립 의지가 나오고 있었던 천수이볜 정권에 대해, 중국과의 불필요한 대립을 싫어한 미국은 온건한 대응을 하지 않았다.

2008년 취임한 마잉주 국민당 정권은 '통일하지 않고, 독립하지 않고, 무력을 사용하지 않는' 현상유지 정책을 축으로, 중국과의 경제 협력을 추진하고 있다. 중국·대만 간에 ECFA(경제협력대강협정)도 성립시켜, 대만이 당면한 경제·사회적 조건을 충족시킬 뿐만 아니라, 대만 문제가 동아시아의 당면 긴장 문제가 아닌 만큼, 국제적인 지지도 얻고 있는 것 같다.

결국 대만에서는 보통 국가의 실체를 갖추고 있으면서도 국제 사회에 독립국으로 등장할 수 없는 상황을 분노와 고뇌의 감정을 갖고 지켜보는 입장과, 현상유지 정책 및 경제 활성화에 그 나름대로 만족하는 입장이 교착된 극히 복잡하고 미묘한 정치 상황이 계속되고 있는 것 같다.

그렇다면 대만은 지금부터 어떻게 될 것인가? 국민당 정권의 지속은 결국 중국의 대만 흡수를 향한 기나긴 도정의 한 걸음인가, 아니면 현상유지 끝에 언젠가 대만 독립이라는 상황이 생길 것인가?

대만에 대한 중국의 정책은 어떠한가. 이것도 또한 오랜 경위와 미묘한 뉘앙스가 있어 여기서 다 적을 수 없다. 그러나 본질을 한마디로 말한다면, 중국 입장에서는 대만이 중국의 일부라는 것은 절대로 불변이며, 이 문제는 순수하게 내정 문제이므로 만일 대만 내외의 상황이 발전하여 대만 독립의 방향으로 간다면, 무력을 사용하여 이를 저지한다는 정책이다.

지금 중국 정부는 대만에 대한 자국의 정책을 정리하여 백서로 인터넷에 공개하고 있다. 쉽게 접근할 수 있고, 매우 알기 쉽다.

대만에 대해서는 두 번 백서가 나왔다. 최초의 백서는 1993년으로 리덩후이가 1990년에 정식으로 총통에 취임한 후의 시기로, 전편이 평화 해결의 무드로 점철되어 있다. 그다음은 2000년 2월에 발표된 것으로, 대만 독립에 대한 경계감이 넘치고 있다. 3월 18일에 실시된 선거에서 민주진보당의 천수이볜 후보가 당선될 가능성에 대비한 것으로 보이는데, 예를 들면 "만약 어떠한 명분으로라도 분리를 향한 중대한 움직임이 발생한다면, 무력 행사를 포함한 모든 생각할 수 있는 조치를 취하지 않을 수 없다"고 하는 엄중한 기술이 있다.

게다가 대만 독립 문제에 관해서 2005년 3월 14일, 중국 국회에 해당되는 전국인민대표대회에서 '반국가분열법反国家分裂法'이 채택되었다. 대만 분리, 분열을 초래할 수 있는 중대한 사변 등이 일어나면 국가와 주권을 지키기 위해 '비평화적 방법, 기타 필요한 조치를 취한다'고 명기된 것이다(『아사히신문』 2005년 3월 14일).

'반국가분열법'은 2005년 2월 19일, 미일 2+2 회의에서 미일 공통 전략목표로서 '대만해협을 둘러싼 문제의 평화적 해결'을 결정한 일에 대한 도전이라고 보는 시각이 퍼졌다(나카지마 미네오中嶋嶺雄, 『산케이신문』 2005년 3월 18일).

대만 국민이 아무리 나라의 운명과 장래에 대해 생각하려 해도 중국이라는 철의 압박 아래 있음은 부인할 수 없다. 나는 천수이볜 정권이 한창 때인 2006년 가을에 4개월간 대만 북부의 휴양지 단수이淡水에 있는 단장淡江대학에서 교편을 잡았다. 이 기간, 철의 압박하에 있는 대만의 정체성 문제는 나의 최대 관심사였고, 몇 번인가 절실한 논의와 마주치기도 했다.

2006년 12월 말 대만 체류가 끝나갈 무렵 젊은 연구자 몇 명이 송별회를 겸한 술자리를 열어 주었는데, 그 자리에서 잊을 수 없는 이야기가 나왔다. 나는 일본에서 아름다운 풍경이 개발이라는 이름으로 파괴되고 그에 따라 인심이 황폐화된 모습을 눈앞에서 보았기에, 대만이 일본의 과오를 반복하지 않고 자연과 산업의 조화된 이상향으로서의 대만을 만들었으면 한다고 말했다. 그것을 듣고 있던 중앙연구원의 젊은 학자가 낮은 목소리로 말했다.

"하지만, 도고 씨. 나는 일본인이 부럽습니다. 당신은 일본에 대해서 꽤 비판적으로 얘기하고 있지만, 돌아가야 할 일본, 부흥해야 할 일본이 있다는 데 대해서는 확신을 가지고 있지 않습니까?"

"네. 그건 그렇습니다."

"우리들 대만인은 조금 다릅니다. 자신의 모든 힘을 내던지면서까지 만들어가야 할 만한 조국이 있는 것인지 젊은이들 사이에서는 심각한 의문이 있습니다."

"정치 말입니까?"

"네. 우리들은 대략 민주정치 형태로서 충족할 만한 것들을 모두 갖고 있어요. 하지만, 세계 어디를 가더라도 당당한 하나의 국가로서 인정받고 있지 못합니다. 그 뿐만이 아니라, 중국이 어떻게 나오느냐에 따라 지금 누리는 생활의 질과 기본조차 잃어버릴 수도 있습니다. 그런 상황이 만일 일어난다면, 많은 젊은이들이 이곳을 버리고, 좀 더 자유롭고 풍요로운 땅으로 옮겨가겠지요."

"……."

"그런 사람들에게 진심으로 대만의 자연과 생산의 조화를 고민하라고 말해도, 지금 아무런 힘이 되지 않습니다."

평온하게 시간이 흐르고 있는 것처럼 보이는 대만이 심각한 문제를 안고 있음을 뼈저리게 느끼게 해준 말이었다. 또 한 번은 역시 대만 체재의 끝 무렵인 12월 중순 타이베이에서 호주, 아르헨티나, 인도, 일본, 대만의 학자를 모아 '정체성'에 관한 논의를 하니 참가해 달라는 요청을 받았다. 일본의 관점을 발언해 달라고 하는 것이었으므로 나는 다음과 같이 말했다.

"에도江戶 시기 이전에는 아시아 문화를 기초로 하였고 메이지유신과 태평양전쟁의 실패를 서구화, 미국화를 기초로 극복해 온 일본이지만, 헤이세이平成 시대의 일본은 아시아와 서양이라는 두 개의 흐름 속에서 자신의 '정체성'을 추구하며 고심하고 있다."

참가자 중에 대만의 민주화와 대만화에 공헌해 온 거물 지도자 한 사람이 있었는데, 그는 다음과 같이 말했다.

"도고 씨는 일본이 민족의 명예와 본질을 어떻게 실현하는가 하는 선택의 문제에 대해 말씀해 주신 것이라고 생각한다. 일본이라는 독자적 실체가 있음에 대해서는 의심할 바 없다. 그러나 대만에서의 논의는 다르다. 중국의 일부로서만 존속할 수 있을 것인지 아니면 중국을 타자로 하여 별개의 정체성으로 존립할 수 있을지도 문제이고, 더구나 그것을 대만 자신이 결정할 수 없다는 점이 문제이다."

지적을 받는 것도 부끄러웠다. 내가 생각하고 있던 것, 일본에서 많은 사람이 논의하고 있는 것, 그것은 대만 사람들이 지금 직면하고 있는 문제의 심각함에 비하면 부끄러울 정도로 '어설픈' 문제였다.

일본인은 국민적인 합의와 결단이 있으면 무엇이든 할 수 있다. 게다가 할 수 없게 된 책임을, 그러한 일본으로 만들어 버린 외국의 탓으로 돌리는 경향도 있다. 그에 비해 대만의 문제는 '선택'이 아닌 '존속'의 문제이다. 곧, 자기 자신의 의사만으로 결정할 선택의 자유가 없다. 주변에서 오는 '철의 의지' 밖으로 나갈 수가 없다.

'일본의 대만화'라는 문제

대만을 떠난 후 나는 적어도 1년에 한 번은 대만을 방문하고 싶었으나, 여의치 않던 차에 2011년 5월 오랜만에 방문하게 되었다. 굉장히 흥미로운 여행이었다.

계기는 같은 해 5월 7일, 타이중臺中의 퉁하이대학東海大學에서 개최된 일본연구소 개소 기념 심포지엄 '대전환의 동아시아 : ECFA체제 하에서의 일본, 대만 사회·정치·경제 구조의 변용과 전개'에 초대된 것이다.

심포지엄을 주관한 사람은 일본연구소의 사무국장인 천융핑陳永峰 교수였다. 천 교수는 프롤로그에서 소개한 뤼안윈싱阮雲星 저장대학浙江大學 교수와 함께 교토대학京都大學 기무라 마사아키木村雅昭 교수의 문하생이었다. 거기서 심포지엄의 기조 강연자로서 은사인 기무라 마사아키 선생이 초대되어, 당시의 동창생들인 중국의 뤼안윈싱 교수, 한국의 송석원宋錫源 경희대 연구교수, 일본의 내 동료인 교토산업대학 다키다 고준滝田豪准 교수가 초대되었고, 나까지 초대받은 셈이었다.

심포지엄의 내용도 알찼지만, 그보다 더 인상적이었던 것은 동아시아 전역에 펼쳐진 기무라 인맥의 풍성함이었고, 오랜만에 '여기에 일본이 있구나' 하는 느낌을 받았다. 그리고 대화 중에 지금 대만 각지에서 일본 연구 붐이 일어나기 시작했고, '일본 연구 센터'들이 일제히 생겨나고 있다는 것이 화제가 되었다. ▪

대만의 이러한 움직임이 굉장히 흥미로워 그해 7월 3일부터 6일까지 또

▪ 일본 연구 센터가 급속하게 설립되기 시작한 것은 주로 국립대학이다. 매스컴의 주목을 가장 받은 것은 국립정치대학이다. 그리고 국립중흥대학, 국립대만사범대학, 남부의 가오슝(高雄)에 있는 국립중산대학, 국립대만대학이 있다. 사립으로서 대만동해대학 일본연구소가 출범했고, 최근 동남아시아 연구와 통합된 단장(淡江)대학의 일본연구소, 이전부터 일본어와 일본 역사·문학을 가르치는 타이중(臺中)의 정의(靜宜)대학, 그리고 대만 제일의 연구소 '중앙연구원(Academia Sinica)'에 있는 아시아·태평양지역연구소 안의 일본 연구 부문을 넣으니, 리스트는 9개로 늘어났다.

대만을 방문했다. 그때 대만 정계의 유력자로 일본·대만 관계에서 몇 십 년에 걸쳐 가교 역할을 해 온 B씨와 점심을 함께 했다. B씨와의 간담에서 나는 잊을 수 없는 충격을 받았다.

B씨 : 도고 씨, 일본과 대만이 놓여있는 상황에는 공통점이 있지요. 중국의 의도가 뚜렷해지는 상황에서 거기에 전적으로 대항할 힘은 없고, 자신의 힘을 결집함과 동시에 동맹국과의 관계를 중요시해야 하겠지요. 일본과 대만 모두 우선 동맹국은 미국입니다.

나 : 그렇네요. 놓인 상황이 꽤 비슷하네요.

B씨 : 대만의 경우, 모처럼 민진당이 정권을 잡고 천수이벤이 정권을 잡았지만 독립을 향한 정책이 너무 과격하여 미국의 마음을 상하게 했고 그 결과 많은 것을 이룰 수 없었죠.

나 : 그렇습니다. 마침 제가 단장대학에 있을 때입니다만, 항상 얼얼한 느낌으로 보고 있었습니다.

B씨 : 센카쿠에 대한 일본의 입장과 대만이 처한 입장을 비교하면 좀 더 잘 알게 되지 않을까요?

나 : 센카쿠 말입니까? 그렇군요.

B씨의 발언에 눈이 번쩍 뜨였다. 그런가? 강대한 힘을 앞에 두고, 정말로 하고 싶은 것은 자제해야 한다. 게다가 중국과 미국 두 초강대국의 의향을 살피지 않으면 안 된다. 대만의 독립과 센카쿠의 영유에는 그러한 공통점이 있다.

이것은 '센카쿠 문제의 대만화'라고 할 수 있다. 센카쿠는 일본의 영토이니까 그것은 또한 '일본의 대만화'라는 의미가 된다. 그로부터 1년하고 3개월 후, B씨의 예언은 딱 맞아떨어져, '센카쿠 문제의 대만화' 즉 '일본의 대만화'는 완전히 현실이 되었다. '일본의 대만화'란, 일본이 중국을 통한 '철의 압박'과 이에 대항하는 미국의 틈바구니에 세워진, 얼음과 같은 현실을 의미한다고 해도 좋다.

'대만화'라는 사태에 직면한 일본이, 자신을 대만의 입장으로 바꿔놓고 생각해 봐야 할 것은 무엇인가? 일본인의 보통 감각으로는, 중·일·대 3국 관계의 미래에 대해 생각할 때, 대만인의 마음이 존중받고 중국인도 지나치게 분노하지 않고, 오랫동안 싸움에 이르지 않고 결국 3자가 만족할 수 있는 원만한 해결책이 나오면 좋으리라 생각하는 것이 아닐까?

대만에 대한 일본 정부의 입장은 1972년 중일공동성명 제3항을 통해 규정되어 있는 내용이 기초가 되어 있다.

중화인민공화국 정부는 대만이 중화인민공화국의 영토의 불가분한 일부임을 거듭 표명한다. 일본국 정부는 이 중화인민공화국 정부의 입장을 충분히 이해하고 존중하며, 포츠담 선언의 제8항에 기초한 입장을 견지한다.

현재의 모든 상황을 생각할 때, 일본 정부는 이 입장을 바꾸지 않는 것이 좋다고 생각한다. 그러나 개인의 입장은 다르다. 일본인 개개인은 아무것도 생각하지 않아도 좋을까? 개개인의 사고가 거기서 멈추어도 좋을지 의문이다.

2006년 12월 7일 타이중의 어느 대학에 강연하러 갔을 때, 나는 '도고 선생은 대만 독립을 지지합니까?' 하는 질문을 받았다. 나는 고심에 고심을 거듭한 끝에 이렇게 대답했다.

"자유롭게 표명된 대만 사람들의 의사를 지지한다."

독립 문제는 앞으로도 계속 여러 형태로 논의될 것이다. 그러나 나는 일본인이 진지하게 생각해 두어야 할 것이 하나가 있다고 생각한다. 만약 중국과 대만 사이에 무력충돌이 일어난다면 일본은 어떻게 할 것인가? 만약 중국이 언젠가 독립을 생각하고 있는 대만에 대해 대만이 도발하지 않았음에도 군대를 보낸다면 어떻게 할 것인가? 만약 '자유롭게 표명된 대만의 의사에 반하여 중국을 통한 무력통일'이 일어난다면, 일본은 그것을 잠자코 보고 있을 것인가?

나는 일본이라는 나라가 과거, 현재, 미래를 더듬어보고 지금부터 살아갈 모든 조건들을 종합해 생각했을 때 만약 그 바람직하지 않은 사태가 일어난다면 대만과 함께 싸워야 한다고 생각한다.

확실히 헌법 제9조는 있다. 하지만, 내가 여기서 의문을 제기하고 싶은 것은 헌법 제9조라는 조문 하나로 인해 사고가 멈추고 아무것도 생각하지 않는 참기 어려운 일본인의 성향에 대해서이다.

정말로 우리들이 인간으로서 고심해야 할 것은 헌법에 쓰여 있는 조문이 아니다. 그것은 50년의 식민지 통치, 그에 응답해 온 대만, 일본인이 걸어 온 민주주의와 결함은 있지만 모두가 만들어 온 민주적인 일본 사회, 대만인이 일본보다 훨씬 어려운 조건 속에서 스스로 쟁취한 민주주의, 그리고 겨우 실마리를 잡은 전후의 일본·대만 관계. 그것은 이 모두를 종합하여 일본인 모두가 생각해 봐야 할 문제가 아닐까? 물론 쓸데없이 중국을 자극하기 위해 이런 문제를 제기하는 것은 정말로 어리석고 무의미하며, 경우에 따라서는 유해하다고 생각한다. 하지만 2012년 봄, 헌법 제9조 앞에서 얼어붙기 쉬운 자신과 많은 동포들 앞에서 스스로 격려하면서 이런 내용을 썼다(『월간 일본月刊日本』, 『신조新潮 45』).

지금 뜻밖에도 '일본의 대만화'라는 문제가 지금까지와는 질이 다른 차원에서 생각하지 않을 수 없는 곳으로 우리들을 몰아넣었다. 이 장의 마무리로 다시 한 번 이 문제를 제기하는 바이다.

3

새로운
일본의
국가 비전

중화의 세계를 넘어
문명 창조자로서의 일본

4개 분야에서 중국의 대두

이 책에서 내가 일관되게 서술해 온 것은, 중국이라는 이웃나라가 아편전쟁에서 시작하여 공산당을 통한 조국 통일로 이어진 '한 세기의 굴욕'을 극복하고 약 60년간 인내하며 국력 증강 노력을 계속해 온 결과, 동아시아와 세계의 강대국으로서 눈앞에 등장했다는 사실이다.

지금으로부터 꼭 10년 전 외무성을 퇴직하고 연구자로서 국제사회를 기초부터 공부하기 시작했을 때부터 나는 관심과 우려와 기대가 뒤섞인 복잡한 마음으로 중국 대두를 지켜보았다. 중국의 대두는 1980년대 덩샤오핑의 '개혁 개방'을 기점으로 경제부터 시작되었다. 압도적인 경제력은 1990년대 곧바로 정치·외교력으로 전화되기 시작했다. 그때까지 동아시아 속 다국간주의多国間主義에서 빗겨나 인민복으로 감싸진 특이집단이었던 중국 세력이 동아시아의 적극적인 외교 세력으로 바뀌기 시작했다. 2000년대가 되자 경제성장 수치 이상으로, 두 자릿수 군사 예산의 증대가 전 세계 중국 소식통들의 주목을 끌기 시작했다. 세계 공장으로서 중국의 경제력, G20의 중핵으로서 정치력, 항공모함의 등장으로 상징되는 군사력은 멈출 줄을 모른다.

나는 중국을 나름대로 진지하게 바라보면서 반드시 중국의 대두가 문화적 측면으로 나타날 것이라 생각하고 있었다. 필시 중국은 한 세기의 굴욕이 내습하기 이전의 예전 중화 세계가 그러했듯이 서구사상에서 독립한 새로운 중화라고 할 만한 발상을 할 것이다. 그 어딘가에 예전의 중화를 특징지은 유교의 사고방식이 투영될 것이다. 게다가 예전의 중화가 동아시아 지역을 중심으로 한 지리적 영역관을 가지고 있었음에 비해, 새로운 중화는 글로벌한 시야에 서게 될 것이다. 중국의 발전에 글로벌한 에너지 조달이 불가결해졌기 때문이다.

중국의 발전이 아시아를 대표하는 '신중화'로 등장하기 시작하면 일본은 어떻게 할 것인가? 헤이세이平成의 표류가 시작된 지 25년, 세계 속에서 '그림자가 옅어졌다'는 말을 계속 들어온 일본이 이번에야말로 신중화 아래에 굴복할 것인가? 그렇지 않으면 헤이세이의 표류를 내던지고 일본이 중국과 함께 아시아를 대표하는 새로운 문명으로 세계사 속에 재등장할 것인가? 최근 수년 내가 가장 관심을 가지고 있던 문제였다. 실제로 중국 안에서 그러한 움직임이 명백히 나오기 시작했다. 프롤로그에서 소개한 저장대학 주최 국제 세미나 '동북아시아에 있어서 평화 구축 : 문화력과 물질력의 상극'도 이러한 중국의 문명론적 신사고에 초점을 맞추고, 거기에 어떠한 새로운 사상이 잠재되어 있는지를 찾아보려는 것이었다.

특히 친빙칭秦亚青 외교학원 교수가 제창하고 있는, 서구의 '합리주의'에 대치되는 '관계주의'가 사전에 배포된 문제제기 논문에서 소개되었다. 동양 사회에 있는 집단주의적인 관계성을 사회의 기본에 두고 분석하려고 하는 것이었다. 실제 회의에서는 저장대학의 비재래식 안전보장과 평화적 발전 문제를 담당하는 위샤오펑余瀟楓 교수가 관계주의에 입각하여 새로운 중국 의 '천하' 개념을 설명하는 논설을 펼쳤다. 옌쉐퉁閻學通 칭화대학精華大學 당 대국제관계연구원 원장이 쓴 『중국 고대 사상과 현대 중국의 파워』(영문판) 가 최근 연구자 사이에서 화제가 되고 있다. 일본의 신문에 소개된 옌閻 원 장의 "중국 고대 사상에서 말하는 '공평公平'은 '평등平等'보다 우월하고, '정 의'는 '민주주의'보다 높다"고 한 정식화定式化는 지금 중국에서 대두하고 있 는 전형적인 새로운 사상으로 각국에서 관심을 가지기 시작한 것 같다(『아 사히신문』 2012년 12월 12일).

일본이 지향해야 할 모습

그러면 지금 일본 상황에서 일본의 국가 비전으로 세계에 보여지는 것이 있 는가? 보이지 않는다. 지금 일본인이 나라의 존재방식에 대해서 아무것도 생각하고 있지 않는가 하면, 그렇지는 않다. 매스컴이나 국회에서 일본을 앞으로 어떻게 하면 좋을지, 어떻게 하면 조금이라도 더 좋은 나라가 될 것 인지에 대한 논의가 날마다 나오고 있다.

하지만 그 논의들에는 현저한 특징이 있는 것처럼 보인다. 대부분의 논 의가 문제 해결형이다. 당장 동일본대지진에 대한 대응과 원자력 취급을 둘 러싼 에너지 정책 해결이 눈앞의 급선무이다. 근본적으로 재정 적자의 팽 창, 장기 불황, 저출산·고령화, 사회보장 등 긴급한 과제가 너무 많이 줄지 어 있다. 그 결과 눈앞의 문제 처리에 쫓겨, 결국 장대한 증상 치료의 축적만이 나타나고 있는 것처럼 보인다. 외무성에 34년 근무하고 퇴직 후 6년을 유럽, 미국, 아시아의 대학에서 강의하며 오랜만에 일본에 돌아왔을 때 접한 것은, 증상 치료에 몰두하고 차츰 세분화해가는 논의의 소용돌이 속에서 나라 전체의 큰 목표가 보이지 않는 일본의 모습이었다.

그렇다고 일본인이 그러한 대증요법적 일본의 현상에 만족하고 있는가 하면 그렇지도 않다. 다양한 서적을 훑어보고, 가능한 한 많은 분들의 얘기를 들어보면, 개별적으로는 일본의 국가상을 추구하고 훌륭한 의견이 표명되고 있는 것처럼 보인다. 그러나 애석하게도 그것이 뚜렷한 비전이라는 형태로 수렴되고 있지 않다. 더구나 나라의 합의로 부상하고 있지 않다.

그래서 스스로 생각하고, 아무리 하찮은 것일지라도 내 나름의 국가상이라는 것을 만들어 보려고 생각했다. 이렇게 해서 2010년 8월『전후 일본이 잃어버린 것 - 풍경, 인간, 국가前後日本が失ったもの－風景·人間·國家』라는 책을 출판하고, 그 결론으로 '열린 에도開かれた江戸'라는 비전을 제기했다. 상세한 것은 그 책에서 쓴 것으로 대신하지만, 거기서 내가 가장 말하고 싶었던 것은 다음과 같은 것이었다.

패전으로 철저히 때려눕혀진 일본은 쇼와 시대에 경제대국을 지향하여, 정치·재계·관료 공동 지도력을 통해, 국민이 하나가 되어 일했다. 그 결과 냉전이 종식되고 헤이세이 시대로 들어갔을 때 냉전의 왕자였던 미국이 가장 두려워하는 경제력을 가진 나라가 되었다. 지금부터 꼭 25년 전의 일이다. 그러나 그 무렵부터 다양한 분야에서 일본은 톱니바퀴가 어긋나기 시작했다. 그리고 끝없는 대증요법이 계속되는 나라가 되어버렸다. 이 연쇄를 끊어내기 위해서는 다시 원점으로 돌아가, 우리들이 본래 가지고 있었음에 틀림없는 가장 좋은 것을 다시 보고, 거기에 초점을 맞추어 국가를 만드는 수밖에 없지 않을까?

일본이 본래 가지고 있는 가장 좋은 것은 무엇일까?

그것은 첫째, 우리들이 선조로부터 계승해 온 유례가 드문 자연의 아름다움이다. 둘째, 그러한 자연과 융합하여 만들어 온 전통이고, 그것을 키우며 만들어 온 문화이고, 생활이다. 셋째, 그러한 생활 공간의 창출을 가능하게 하고, 그것들을 현대에 재흥시키는 힘이 되는 기술이다. 넷째, 결국 그러한 자연과 문화와 기술을 살리는 것은 인간이고, 그 인간에게 깃들어 있는 가치, 혼, 정신, 영성 같은 것들이다.

그렇다면 전후의 일본, 특히 헤이세이 일본은 이 4가지를 핵심으로 하는 일본의 가장 좋은 것을 가꾸어 왔는가? 아니었다고 생각한다.

이 점을 아주 격렬하게 비판한 것이 일본에서 자라고 문화 컨설팅 등도 하고 있는 작가 알렉스 카Alex Arthur Kerr■의 『개와 귀신』(2002년 일본어역 초판)이다. '논의의 여지는 있을지 모르지만, 일본은 세계에서 가장 추한 나라가 되었다'고 쓰여질 정도로 일본이 부끄러운 나라가 되어 버렸다. 전쟁으로 괴멸된 국토를 부지런히 재흥하기 위해 쇼와의 부흥이 개발의 전망이 된 것은 그 나름대로 좋다고 할 것이다. 그러나 쇼와의 성장이 미국을 두렵게 한 성공을 거둔 후 우리들은 한번 멈춰 서서 개발이 초래한 자연 파괴를 다시 보고, 무엇으로도 바꿀 수 없는 국토를 지키고 가꾸어 가는 정책으로 전환했어야 하지 않았는가?

■ 역자주 : 1952 미국 매릴랜드 주 출생. 예일대학에서 일본학 전공, 게이오대학에서 유학하고 옥스퍼드대에서 중국학을 연구한 동양문화 연구자이며 저술가. 『아름다움 일본의 잔상』, 『개와 귀신-알려지지 않은 일본의 초상』 등이 있다.

나는 영국에서 연수하고, 파리에서 근무하고, 네덜란드에서 대사를 하는 등 3회의 모스크바 근무를 별개로 하면 유럽 근무가 길었다. 유럽에서 잠시 생활하고 일본에 돌아올 때마다 역사 속에서 서서히 축적되었나 싶은 땅의 아름다운 풍경에 비해 조금의 조화도 아름다움도 느낄 수 없는 일본 거리의 변변찮음에 충격을 받았다. 세계에서 가장 안목이 높은 구미의 여행가가 무엇을 찾아 세계를 여행하는가? 신사, 절, 또는 미술관 등 이른바 액자에 들어간 풍경을 감상하기 위해 여행을 한다고 생각하면 큰 오산이다. 그들이 바라고 있는 것은 실제로 사람들이 생활하는 거리와 농촌이 아름다운 그림이 되고, 거기에 사는 사람들의 웃는 얼굴이 평안을 주어, 그 풍경 속에 다시 한 번 몸을 맡기고 싶어하는, 그러한 이국의 공간인 것이다. 그러한 의미에서 당시 세계의 여행자를 매료한 에도 시기, 풍경의 아름다움은 참으로 주목할 만하다.

와타나베 교지渡辺京二의 『가버린 세상의 자취逝き世の面影』에는 19세기 중반, 즉 에도 시대 말기에 일본을 방문한 외국인 여행자가 한결같이 일본의 빼어난 아름다움과 그곳에 사는 사람들의 웃는 얼굴에 경탄한 모습이 구체적으로 그려져 있다.

에도 시대 260년 간의 평화, 산업기술과 정치적 안정의 결과 생겨난 부, 농본주의 아래 경작된 자연과 인간의 조화에 따른 유례없는 풍경, 번 체제 아래 발전한 각 지방의 개성, 신도·유교·불학·국학·무사도·난학 등 학문과 교육의 풍성함 등이 있지 않을까?

물론 단순한 에도 복귀가 좋을 리 없다. 그러나 분명 에도가 가지고 있었던, 자연·전통·문화·기술·문무 정신, 이러한 것을 하나의 비전으로 삼는다. 그런 다음 그것을 세계에 개방한다. 세계의 가장 좋은 것을 계속 받아들이면서, 그렇게 해서 생겨난 일본의 가장 좋은 것을 세계에 개방한다. 거기서 새로운 일본의 국가 비전이 형성될 수 있을 것이다.

부국유덕富国有德 후지ふじ의 나라 ▪

『전후 일본이 잃어버린 것 – 풍경·인간·국가』를 출판한 것이 아마도 내 인생에 또 하나의 전환을 가져다주었는지도 모른다.

2010년 8월 이 책을 출판하고 나서 수개월이 지났을 무렵, 시즈오카 현청에서 연락이 있었다. 처음에는 현이 지금 위촉하고 있는 주요 자문역이라는 이른바 현인 회의에 참여하지 않겠느냐고 제안했다. 왜 나에게 권유한 것일까? 뭔가에 홀린 기분이었지만, 아주 영광스런 얘기였기에 고맙게 수락했다. 그런데 새해가 되어 2011년 초 다시 현청 사람으로부터 정중한 연락이 왔다. '시즈오카 현에서는 가와카쓰 헤이타川勝平太 지사 취임 이래, 현과 외국과의 관계를 강화하는 것을 큰 목표로 하고 있다. 그래서 현의 외교를 강화하기 위해 시즈오카 현청에서 직접 일해주지 않겠냐'고 제안했다. 이 말을 듣고 정말 깜짝 놀랐다. 가와카쓰 헤이타 지사와는 외무성 시절 단

▪　역자주 : '부국유덕(富国有徳) 후지(富士)의 나라'란 풍부함을 나타내는 '부(富)', 결백하고 정직한 마음을 갖는 사람이라는 뜻으로 '사(土)', 이 두 글자를 합하여 일본 음으로 읽으면 후지(富士ふじ)」가 된다. '후지'라는 뜻은 사물과 마음의 풍부함을 모두 가리킨다는 의미로 '후지산' 은 일본 국토의 상징이기도 하다. 동시에 시즈오카 현(靜岡縣) 행정 운영의 기본 이념으로 부가 아닌 덕을 통한 나라 세우기, 무력이나 경제력이 아닌 덕으로써 타국에 '선'을 행하여 신뢰와 존경을 받자는 것이다. 가와카쓰 헤이타의 글에 나오는 말이다.

한 번만 함께 일한 적이 있었다. 2000년 봄, 막 취임한 모리 요시로 총리를 보좌하여, 유럽·아시아국장으로서 '태평양 도서 정상회의' 개최를 위한 사무를 담당했다. 그 준비의 일환으로 외무성 월간지『외교 포럼』에서 좌담회를 개최했다. 그때 일본에서 바다 문명 연구의 제1인자인 가와카쓰 헤이타 와세다대학 교수가 참석하여 함께 논의를 한 적이 있었다.

그러나 그 일로 가와카쓰 지사가 나를 추천했다고는 도저히 생각할 수 없었다. 어떻게 하면 좋을지 이런 저런 생각에 결론을 못 내리고 있는 사이에 현청 사람으로부터 시즈오카 현에 대해 다양한 정보가 제공되어 왔다. 그중에 지금의 시즈오카 현의 기본 이념으로서, '부국유덕 후지의 나라'라는 말이 있었다. 처음 들었을 때부터 마음에 울리는 바가 있었다. 물론 나는 일본의 지방행정에 대해서는 전혀 문외한이었다. 그러나 마침 일본의 국가목표가 없다는 사실에 상당한 관심을 갖고 있던 때이다. 적어도 현 차원에서 뚜렷한 목표를 가지고 있다는 사실에 신선한 놀라움을 느꼈다.

다음에 '부국유덕 후지의 나라'에 대해 생각해 보니 나쁘지 않았고 '열린 에도보다 좋지 않은가!' 무엇보다 이해하기 쉽다. 역사적인 발전과정으로서는 완벽에 가깝다. 메이지유신부터 태평양전쟁까지 일본은 '부국강병'의 시대였다. 나는 얼마 전부터 대학 강의에서, 태평양전쟁부터 쇼와의 끝까지를 경제대국이라기보다 '부국평화'의 시대라고 부르고 있었다. 헤이세이의 침체는 겉으로는 풍경의 파괴로 상징되지만, 그 이면에 마음의 붕괴가 있다고 하면, 지금 바로 우리들이 되돌려놓아야 할 것은 사람의 마음, 즉 덕이 아닐까? '부국유덕'은 지금의 일본의 국가목표로서 적절하지 않은가?

'부국강병 – 부국평화 – 부국유덕'

어찌됐건 서점에 가서 가와카쓰 지사가 썼을 법한 책을 10권 정도 구입하여, 관련 부분을 읽어 보았다. 그리고 정말로 놀랐다. 외람된 말을 허락해 준다면, 내가 『전후 일본이 잃어버린 것』에서 서술하려고 했던 것과 가와카쓰 지사가 주장하는 것이 굉장히 닮았다고 생각했다.

- 문명의 궁극의 도달점은 미와 문화에 있다는 것.
- 미와 문화의 궁극은 개발이 아니라 자연에 있는 것. 도시가 아니라 농촌과 전원에 있다는 것.
- 전후 일본, 특히 헤이세이 일본에서 일본이 아직까지 가장 늦어지고 있는 것은 의식주 중에 '주'에 있다는 것.
- 눈에 보이는 풍경 속에 새로운 이상과 목표를 실현하기 위해서는 인간 내면의 변화가 필요한데, 나는 그것을 '공'이라고 부르고 지사는 그것을 '덕'이라고 부르고 있는 듯한 것.
- 도쿄의 시대는 끝났고, 개개인이 생활하고 있는 현장을 담은 지방 시대로 이행하고 있다는 것.

이만큼 공통성이 있는 분의 제안을 거절하기란 매우 어려워 기꺼이 받아들였다.

그렇게 해서, 2011년 4월부터 시즈오카 현 대외관계보좌관으로서의 일이 시작되었다. 일을 하면서 나는 '부국유덕 후지의 나라'라는 목표가 메이지 이후 일본의 발전 속에서 나왔다는 것을 배웠다. 이 말의 근원은 요코이 쇼난横井小楠이라는 인물이다. 쇼난은 구마모토 번 출신의 메이지 십걸十傑의 한 명으로 마쓰다이라 슌가쿠松平春嶽가 통솔하는 에치젠후쿠이 번越前福井藩에 초대되어 번 정치에 대한 조언을 요청받았다. 쇼난은 메이지 유신에서

9년 거슬러 올라간 1860년에 『국시삼론國是三論』을 썼고, 이에 따라 에치젠 후쿠이 번의 정책 수행 방침이 정해졌다고 한다(「쇼난선생소전小楠先生小伝」. 『국시삼론』, 1986년, 고단샤 학술문고, 286쪽).

그중에서 쇼난은 '부국강병사도富國强兵士道'를 제창했다. 부국을 위한 여러 국가들과의 자유무역을 설명하고, 강병을 위해 당시 세계 최강이었던 영국 해군 400척에 맞먹는 '해군 일본'을 만들 것을 주장했다. 그 후 일본에서 일어난 일을 돌이켜보면, 그것만으로도 놀랄 만한 탁견이라고 하지 않을 수 없다. 그러나 쇼난은 부국강병만으로는 부족하고, 사도士道를 더한 3개의 기둥으로서 '국시삼론'을 주장한 것이다. 사도는 무사도, 문무 양도를 겸비한 사무라이의 도이다. 쇼난에게는 부국강병의 길이 결국 일본을 어디로 이끌 것인가가 보였음이 틀림없다. 길을 잘못 들지 않기 위해서는 강병을 억제할 무사도의 정신, 그것을 위해서는 자기 억제, 자기 규율 같은 것이 필요하다는 사실을 말이다.

그러나 결국 부국강병으로 생존한 일본은 1945년 여름 거의 모든 것을 상실했다. '유덕'이란 자기 규율을 핵심으로 하는 무사도 정신을 현대 일본인이 알기 쉽게 표현한 것에 지나지 않는다. 요코이 쇼난의 『국시삼론』을 독해하고, 거기서 '부국유덕富國有德'론을 끌어내고, 그 위에 그것이 후지산과 연계될 수 있음을 발견한 것은 가와카쓰 헤이타 와세다대학 교수이다. 최초의 논문은 1995년 한신阪神 아와지대지진淡路大震災의 충격에서 시작된 듯하다(가와카쓰 헤이타, 『부국유덕론』, 2000년 1월, 주오문고中公文庫, 243~245쪽).

요코이 쇼난이 말한 '부국 강병 사도' 중 '부국사도富國土道'가 내용적으로 '부국유덕'으로 이어진다는 점은 비교적 쉽게 이해된다. 하지만, '부국사

도'의 '부富(일본어음 후ふ)'와 '사士(일본어음 지じ)'를 합치면 '후지富士'가 되며, 즉 일본 아름다움의 상징인 후지산이라는 일련의 철학으로 이어진다고 한 가와카쓰 헤이타 씨의 상상력은 정말로 독특하다(가와카쓰 헤이타, 앞의 책, 17~20쪽). 시즈오카 현의 정책에서 지금 내가 마주하는 흥미로운 다양한 사태들은 이 책의 주제를 벗어나므로 여기서는 서술하지 않는다. 가와카쓰 헤이타 씨가 왜 나를 시즈오카 현에서 고용하였는지에 대해서는 들은 바가 없다. 하지만 채용되기 꼭 반년 전에 쓴 『전후 일본이 잃어버린 것』이 시즈오카와의 인연에 계기가 되지 않았나 추측할 뿐이다.

오히라 마사요시의 '전원 도시국가 구상'

가와카쓰 헤이타의 상상력은 한 시기, '부국유덕'을 전후 일본 정치의 핵심으로까지 끌어올렸다. 오부치 게이조 총리 때의 일이다. 2000년 1월 8일, 오부치 게이조 총리의 정책 연설은 역사에 남을 연설이었다고 나는 생각한다. 앞에서 오부치 총리는 "이 아이들이 자라서 어른이 되었을 때, 일본이라는 국가가 세계에서 확고히 존경을 받을 수 있을까 하는 생각에 나는 '21세기 일본의 구상 간담회'를 설치했습니다. 새로운 세기의 일본이 있어야 할 모습을 '부국유덕'의 이념 아래, 다양한 각도에서 논의하고, 요전에 10개월에 이르는 논의의 결과인 보고서를 받았습니다"라고 서술했다.

오부치의 이 연설 속에 나온 '21세기 일본의 구상 간담회'의 유력 멤버로서 '부국유덕'을 통한 국가 만들기의 이념을 제창한 사람이 국제일본문화연구센터 교수(당시)인 가와카쓰 헤이타였다. 오부치 총리는 1999년 6월 8일,

이 간담회 안의 '아름다운 국토와 안전한 사회' 위원회의 첫 모임에 출석했을 때, 가와카쓰 좌장을 앞에 두고 다음과 같이 말했다.

(가와카쓰 씨는) 일찍부터 '부국유덕'의 국가 만들기를 제창하고 계십니다만, 이 '부국유덕'이라는 생각은 21세기 일본이 존재해야 할 모습으로 '경제적인 부'에 더해, 품격 혹은 덕이 있는 나라, 사물과 마음의 균형이 잡힌 국가, 다른 나라에서 돌이켜보아 정말로 존경받을 만한 나라를 지향하는 데 아주 귀중한 것이라고 생각합니다.

'부국유덕' 구상을 조사하면, 이 생각은 그 이전 역대 내각이 심화해 온 논의의 축적 위에 성립하고 있음을 알 수 있다. '부국유덕' 그 자체는 아니지만, 원형이 된 사상을 추적해 보면 오히라 마사요시大平正芳에게 다다른다. 오히라의 구상은 '전원 도시국가 구상'이라는 이름으로 1979년에 착수되었고, 전체가 발표된 것은 오히라가 급서한 후인 1980년이었다. 이 구상이 생겨나게 된 배경은 다나카 가쿠에이田中角榮의 '일본열도개조론'이다. 다나카 가쿠에이는 1960년대 고도성장시대가 끝날 즈음 태평양 연안과 일본해 연안의 발전 격차, 도시의 과밀화와 농촌의 과소화 같은 모순을 '공업을 지렛대 삼은 지방 개발'을 통해 해결할 것을 제안했다(다나카 가쿠에이, 『일본열도개조론』, 닛칸공업신문사, 1972년, 78쪽).

다나카의 구상을 통해 도쿄 중심 경제권과 공공사업을 통한 토건 정치가 동시에 추진되어, 일본 전 국토를 신칸센과 고속도로로 경제적으로 연결하려는 개발이 이루어졌다. 그것은 일본의 경제 성장을 유지하기 위한 일정한 역할을 하였고, 오늘날에 이르기까지 큰 영향력을 미쳤다. 그 결과, 일본 전국에는 획일화된 미니 도쿄 같은 마을이 증가했고, 지방이 지닌 독자성과 자연에 대한 배려가 급속하게 상실되어, 앞에서도 서술한 대로 세계에서 가장 추한 마을 만들기가 진행되었다(가와카쓰 헤이타, 『아름다운 나라 일본을 만든다』, 닛케이비즈니스문고, 2006년, 24~29쪽).

그 상태를 되돌리려고, '전원 도시국가 구상'을 수립한 사람이 오히라 마사요시 총리였다. 1979년 1월 총리 취임 후 가진 첫 국회 연설에서 그 구상이 개진되었다.

저는 도시가 가진 높은 생산성, 양질의 정보와 민족의 못자리라고 할 수 있는 전원의 풍요로운 자연, 그리고 윤택한 인간관계를 결합시킨 건강하고 여유 있는 전원도시 만들기 구상을 추진해 가고자 합니다. 푸르름과 자연에 둘러싸여 평안함이 충만하고, 향토애와 신선한 인간관계가 약동하는 지역 생활권이 전국적으로 전개되어, 대도시, 지방도시, 농어촌, 산촌 각각 지역의 자주성과 개성을 살리면서 균형 잡힌 다채로운 국토를 만들어야 합니다(하시모토 다케시, 「역대 총리대신의 국토 비전을 읽다·2편『전원도시국가의 구상』(1980년)」, 일본개발구상연구소, 2008년).

유감스럽게도 오히라 씨가 갑자기 사망하는 바람에 이후 일관된 정책이 채택되지 못하였고, 이른바 오히라 비전을 실현시키려는 기운이 생겨나지 못했다.

오히라 씨의 급서 이후, 1980년대 나카소네 야스히로中曾根康弘 총리라는 강력한 지도자 아래에서 일본은 '일본을 밖으로 개방하는' 정책을 수행하였다. 대미 무역흑자 확대에 대한 대응으로 규제 완화·내수 확대·환율 조정 정책들을 채택했다. 그 결과, 공공사업의 진흥과 이를 선동하는 토지 거품이 일어나, 오히라 비전과는 정반대로 열도 개발이 진행되어 버린 것이다.

1980년대 말, 버블경제의 한복판에서 다케시타 노보루竹下登 총리가 '향토 창생 사업'을 실시하여 반격했지만, 오히라의 비전이 소생하게 된 것은 버블이 붕괴되고 경기침체기에 접어든 1998년 하시모토 정권이 내건 '가든 아일랜드 구상'을 통해서였다.

역사와 풍토의 특성에 뿌리내린 새로운 문화와 생활양식을 가진 사람들이 사는 아름다운 국토, 정원의 섬이라고도 할 만한, 세계에 자랑할 수 있는 일본 열도를 출현시켜, 지구 시대를 살아가는 우리 나라의 정체성을 확립한다(「21세기 국토의 그랜드 디자인」, 국토교통성 홈페이지, 1998년).

오히라 구상이 다시 찾아온 듯한 이 구상을 만든 사람도, 하시모토 정권 하에서 국토교통성의 국토심의회 위원이었던 가와카쓰 헤이타 와세다대학 교수(당시)였다. 하시모토 구상이 풍경이라는 국가의 모습을 중심으로 디자인한 것에 대해, 그 흐름을 이어받은 오부치 구상은 유덕이라는 인간 내면에 주의를 기울인 것처럼 생각된다.

어쨌든 오히라, 오부치라는 두 명의 총리가 갑자기 사망한 것은 안타깝기 그지없는 일이었다. 그리고 오히라 총리의 뒤에 나카소네 총리라는 강력한 총리가 나타났듯이, 오부치 총리 급서 후 2000년대 전반 고이즈미 총리라는 강력한 지도자가 나타났다. 고이즈미 총리는 버블 붕괴의 뒤에 남은 불량채권을 정리함과 함께, 규제완화와 구조개혁을 통해 '밖을 향해 일본을 개방하는' 정책을 폈다. 그러나 고이즈미 개혁 속에는 오히라·하시모토·오부치에 이르는 국가 만들기의 발상이 보이지 않았다.

고이즈미 총리 뒤부터는 일본 정치가 1년마다 교체되는 '회전문 총리'의 시대로 들어간다. 그 속에서 몇 명의 총리는 풍경의 부활과 인심의 충족을 결합한 정책을 표방했으나, 결국 모두 구호에 그치고 말았다.

2006년 입후보한 아베 총리는 그 즈음 『아름다운 나라로』를 출판했다. 이 책은 일종의 선거 공약 같은 것으로, 풍경을 정책의 중심에 가져가는 내용은 거의 없었다. 또 아베 정권하에서도 '아름다운 나라'를 향한 정책으로 볼 만한 큰 움직임은 거의 없었다.

단, 이 제1기 아베 정권에서 간사장을 역임한 나카가와 히데나오中川秀直는, 내가 아는 한 헤이세이 시대 일본의 모든 정치가들 중에서 풍경의 중요성과 개발 위주 공공사업의 위험을 가장 명확하게 주장한 사람이었다. 간사장 재직 중인 시절 때때로 신문에 작게 보도된 나카가와의 발언에 나는 주목하고 있었는데, 퇴임 후 출판된 책은 자신의 생각을 분명히 드러내고 있다. 나카가와 씨가 2012년 총선거를 계기로 정계 일선에서 물러난 것이 안타까울 뿐이다.

옛날에는 다채로웠던 일본 지방도시의 풍경도 요사이 들어 갑자기 획일적이 되고 있다. …… 막부 말기에 일본을 방문한 구미인들은 그 아름다움에 경탄하여 숨을 멈추었다. …… 영국이 그 후 추진한 정원도시 구상은 일본의 아름다움이 힌트가 되었다고 한다. …… 나는 '아름다운 나라'를 내건 아베 총리 아래서 자민당 간사장을 역임했을 때 아름다운 국토를 제창하고 공공사업을 한다면 오히려 콘크리트를 벗겨내고 자연의 아름다운 광경을 다시 취하려고 노력해야 하지 않을까 …… 하고 호소했다(나카가와 히데나오,

『관료국가의 붕괴』, 2008년, 130~131쪽).

2009년 민주당 정권이 성립하여 하토야마 유키오鳩山由紀夫가 총리 자리에 오르자, 민주당은 '콘크리트에서 사람으로'라는 슬로건을 내걸었다. 나는 기대를 갖게 하는 슬로건이라고 생각했다.

물론, 국토 형성을 위해 필요한 콘크리트는 계속 쓰지 않으면 안 된다. 그러나 전후 일본의 나라 만들기는 전체적으로 콘크리트 과잉 주입을 통해 국토를 피폐하게 만들고 자연을 붕괴시켰다. 그에 대한 비판은 오히라-하시모토-오부치-나카가와로 이어지는, 보수 정치가들 중 가장 양질의 계보가 가진 사고방식 속에서 나타났고, 이는 알렉스 카의 논리이기도 하다.

하지만 민주당이 제창한 '콘크리트에서 사람으로'라는 구호의 의미는 지금까지 공공투자로 향하던 세금을 국민에게 환원해야 한다는 의미라는 것을 알게 되었다. 그러나 그 의미는 철저하지 못했고, 정책을 국가 목표로 수행하기에는 경험과 역량이 부족하였다. 게다가 단순화해서 말한다면 내 의견은 '콘크리트에서 자연으로' 회귀하는 것을 통해 인간에게 진정한 힘을 돌려주고자 하는 것인데, 민주당의 사고방식에는 그런 의미의 혼이 담겨 있지 않은 듯했다.

공공사업에 미래는 없다

그러한 상황이 계속되는 가운데, 2012년 5월 29일, 자민당 정책심의회가 '국토강인화強靭化 국가기본법안'을 승인했고, 자민당 홈페이지에는 그 법안의 조문과 개요가 게재되었다. **▪**

재해 발생 시에 강인한 대응을 하기 위해 자동차 도로, 철도망, 댐, 제방, 콘크리트의 피난소를 정비한다는 구상이었다. 이 법안을 지지하는 지식인 단체에서 발행된 『국토강인화 · 일본을 강하고 탄력있게』에서는 이를 위해 매년 20조 엔, 10년간 200조 엔의 공공투자를 실시해야 한다고 제안했다. 민주당의 '콘크리트에서 사람으로'의 정책은 '사회 자본 정비를 반대하는 사상'으로 맹렬한 비판의 대상이 되었다.

나는 눈앞이 캄캄해질 정도로 깊은 실망감에 휩싸였다. 앞으로 일본에서 필시 발생할 거대 자연재해에 대해 가능한 방재를 다 실행하는 것은 당연한 일이다. 그 때문에 필요한 도로나 교통망을 정비하고 거기에 일정한 공공사업비를 쏟아붓는 것도 필요한 일이다.

그러나 이 법안에서 치명적으로 보이지 않는 부분이 있었다. 그것은 그렇게 해서 지켜야 할 일본이라는 나라 모습의 전체상은 무엇인가 하는 점이었다. 연간 20조라는 거액의 투자를 계속하여, 일본 열도를 지진과 쓰나미에 대처하기 위한 거대성채巨大城砦 국가로 만든다면 그것으로 그만인 것인가?

▪ 역자주 : 일본은 2013년 12월 '국토강인화 국가기본법'을 제정했다. 즉 국민생활을 위한 방재(防災) · 감재(減災)에 관한 법안이다. 노후화된 도로를 복구하는 등 대규모 공공투자를 위한 법안이라고 할 수 있다.

법안 속에는 1차 산업 진흥, 다극분산형 국토 형성 등 방재공공사업과는 다른 관점이 없는 것은 아니었다. 그러나 그것들은 이른바 과거 정책들의 '잡탕'임을 보여주었고, 주변적인 취급밖에 받지 못했다.

법안은 주객이 전도되어 목적과 수단이 바뀌어 있었다. 자연·문화·상부상조를 기조로 하는 국가를 만들기 위해서 필요한 방재를 하는 것이 아니라, 콘크리트와 철로써 견고한 방재성채防災城砦국가를 만들기 위해 인간의 생활이 봉사하게 되는 인상을 주고 있었다. 또한 선거에 대비한 자민당 정권공약의 서두에는 이 법안의 사고방식이 강하게 내세워져 있다.

동일본 대지진 피해지의 부흥을 가속하는 것이 최우선입니다. 그리고, 사전 방재 개념에 근거하여 가까운 장래에 일어날 것이 충분히 예상되는 거대 지진·쓰나미 등 대규모 재해의 피해를 상정한 것보다 절반 이하로 억제하여 복구·부흥에 필요한 경비를 최소화하기 위해 민간 투자도 최대한 활용하면서, 하드·소프트 양면에 걸친 '국토강인화'에 적극적으로 대처하겠습니다.

나는 아베 정권의 국가목표가 공공사업을 통해 일본을 콘크리트와 철의 성벽으로 만드는 것이라면, 이 나라의 미래는 없다고 생각한다. 공공사업에 대한 의존에는 자연과 문명을 상상하는 사고를 마멸시켜, 수동적이고 보조금에 몸을 내맡기는 마약과 같은 부작용이 있다. 하지만, 아베 총리에 대한 희망이 무너진 것은 아니다. 잡지『문예춘추』에서 당의 공약과 별개로 자신의 말로 일본의 미래를 말하는 부분이 있다. '싱싱한 벼이삭 나라의 자본주의'라는 일절에는 계단식 논의 아름다움을 보존하고, 전통·문화·지역이 중시되는 일본에 어울리는 경제적 존재방식이 얘기되고 있다.

아베 가의 뿌리는 나가토시長門市, 예전의 유야마치油谷町입니다. 그곳에는
계단식 논이 있습니다. 일본해(동해)에 접해 있고, 물을 채우고 있을 때는
논 하나하나에 달이 비치고, 멀리 고기잡이 불이 비추어 숨이 멎을 정도로
아름답습니다. 계단식 논은 노동생산성도 낮고 경제합리성 측면에서 무의
미할지도 모릅니다. 그러나 이 아름다운 계단식 논이 있기에 내 고향인 것
입니다. 그리고 그 전원 풍경이 있기에 아름다운 일본이 아닐까 생각합니
다. 시장주의 속에서 전통, 문화, 지역이 중시되는 싱싱한 벼이삭의 나라에
어울리는 경제의 존재방식을 고민해 보고 싶습니다(『문예춘추』 2013년 1월호,
129~130쪽).

이것을 TPP 반대와 농협의 표밭 보호에 사용하지 않고, 현지 생산, 현지
소비와 수출 지향의 참으로 강한 농업과 농촌과 자연의 아름다움과 문화가
도시의 풍경과 생활을 바꾸어 가는 새로운 일본의 창조로 이어진다면, 일본
에 미래는 있을 것이라 생각한다.

아쉽게도 현재 자민당 정치에서 그런 경향을 명확하게는 느낄 수 없다.
아베 총리의 발언이 있었지만 3년간의 야당 기간 동안 일본인을 결속시키고
세계의 눈을 휘둥그래지게 할 만한 나라 만들기의 비전을 공부해 온 흔적이
없다. 40년 전 다나카 가쿠에이의 '일본열도개조론'의 무비판적 격세유전이
라는 인상을 면하지 못한다.

일본인이 자랑할 만한 '미'

다시 한번, 국가목표로서의 '부국유덕'의 사상으로 돌아가 보자. 여기서 목표로 삼는 '부국'이란 무엇일까? 그것은 후지 나라의 풍요로움이다. 후지는 일본뿐만 아니라 세계에서도 아름다움의 상징이다. 앞으로 일본의 풍요로움은 단순한 경제적 풍요로움이 아니라 아름다움 안에 있는 풍요로움이다. 여기서 목표로 하고 있는 '유덕'이란 무엇일까? 요코이 쇼난은 덕의 배후에 무사도를 두었다. 그것에 이론은 없다. 하지만 그것뿐일까? 지금까지 일본인을 지지해 온 정말로 뛰어난 사상이 문무양도·자기규제로 상징되고 평상심 속에 죽음을 뛰어넘어 온 무사도 뿐일까?

앞에서 서술한 스즈키 다이세쓰가 설파한 일본적 영성, 가마쿠라 불교에 있는 선과 정토종의 정신은 현대의 일본인에게 어떠한 의미를 가지는가? 심리학자인 가와이 하야오河合隼雄는 종교학자 나카자와 신이치中沢新一와의 대담 『부처의 꿈ブッダの夢』(아사히문고, 2001년)에서 일본인의 정신적 지주는 '미美'가 아닐까 하고 지적하고, 도덕이나 종교의 중핵이 되어 온 이 '미'를 최근 30년 동안에 일본인이 없애버린 것 같다고 비판했다(38쪽). 나카자와는 스즈키 다이세쓰가 제창하는 '일본적 영성'은 일본인의 모밀국수 먹는 방법이나 꽃꽂이 등에도 나타난다고 지적한다. 상징적으로, 그는 미국인 카메라맨이 촬영한 규슈의 산속 온천에 온 할아버지의 뒷모습에서 일본적 영성을 느끼고 있다. 알몸으로 어깨에 물을 끼얹으면서 수건을 걸친 엉덩이의 뒤태에서 말이다(『부처의 꿈』, 35쪽).

사진을 보지 않으면 좀처럼 정확한 내용을 알기 어렵지만, 나카자와가 말하려고 하는 것은 그 한 장의 사진에서 느껴지는 미이다.

가와이는 '물을 끼얹고, 아침에 머리감고 있는 그 할아버지의 엉덩이처럼 편안한 모습은 절대로 되지 않는다'고 말한다. 일본이 경제 발전하여 여러 가지가 편리해졌으나 '일본인의 종교성이 지금 한순간에 무너지고 있다', '일상 전체 속에 깃들어 우리들이 말하고 있던 것, 그것을 현재는 모두 빼앗기고 있다'고 가와이는 말한다(『부처의 꿈』, 35~36쪽).

앞으로 일본이 다시 일어날 수 있도록 이를 실현하기 위해서는, 그것은 먼저 사상·철학·종교·덕의 차원에서 일본인만이 아니라 전세계에 깊이 통하는 것을 만들어 내어야 한다고 생각한다. 그 일본인에게 '뿌리'에 해당하는 철학과 종교의 가장 본질적인 부분에 '미'가 있는 것일까? 일본 재흥再興의 사상은 철학과 종교를 통해 구성되는 '뿌리'와 국가목표인 '줄기'에서 온다. 그 줄기의 가장 본질적인 부분에 내가『전후 일본이 잃어버린 것』에서 서술해 온 풍경의 문제가 있고, 이 책에서 서술해 온 '미'의 문제가 있다고 생각해도 좋다.

가와이와 나카자와는 일본인의 정신의 근본에 미(뿌리)가 있고, 그 미를 일상생활(줄기) 속에 살려내지 못함에 따라 지금의 일본 붕괴가 시작되었다고 지적한다.

거꾸로 말하면, 확실한 '뿌리'를 회복하고 확실한 '줄기'를 회복할 수 있다면, 그 위에 확실한 '가지'가 뻗어가며 그 가지가 외교라는 것이다.

그 경우 어떠한 구체적인 내용을 외교에서 만들어내면 좋을까? '미'를 기조로 한 일본 외교가 있을 수 있을까? 이 책에서는 그러한 문제는 해명하기 어렵다. 그러나 하나 확실히 해 두어야 할 것은 여기서 논의하고 있는 여러 문제를 계속 묻는 것이 동아시아에서의 새로운 일본 문명 창조로 이어져 갈 것이라는 점이다.

에필로그

동아시아의 역사는 과거 4반세기 중국의 대두와 일본의 표류를 통해 특징 지워지고 있다. 일본에게 있어서 그것은 헤이세이의 표류였다. 중국은 경제 성장에서 정치력의 확대, 나아가 군사력의 신장에 이르고, 문화 면에서의 글로벌한 중화사상을 내세우는 출발점에 있었다. 그러한 상황에서 2012년 센카쿠 열도를 둘러싼 중일 대립을 통해 이변이 일어났다. 센카쿠 영유를 둘러싸고 중국은 단독승리의 성공을 거둔 것처럼 보였다. 그러나 '실효지배 를 실력으로 증명'하려는 중국의 정책은 중국이 19세기 제국주의 국가로 회 귀한다는 것이 백일하에 드러났다. 내가 생각하고 있던 중국의 문화적 대 두란 21세기를 주도할 수 있을 만한 힘을 가진 새로운 사상의 탄생이었다. 19세기 제국주의 국가인 중국에 그러한 힘이 있을 리 없다. 원래부터 중국 에 그러한 힘이 없다고 여겼던 논자는 많이 있을 것이다. 중국 사회의 인권 에 대한 원초적 경시, 선부론先富論▪과 관료주의가 결합한 결과로서의 배금

▪ 역자주 : 일부가 먼저 부유해진 뒤 이를 확산한다는 이론으로 1985년부터 덩샤오핑이 주 창한 개혁개방의 기본원칙을 나타내는 것이다.

주의와 부정부패의 구조화, 초고속 경제발전으로 생겨난 환경오염의 폐해, 티베트·위구르 등 다른 민족의 문화와 독자성 파괴, 이러한 다양한 문제를 안고 있는 나라가 21세기의 세계 사상을 열어가는 것이 가능할 리가 없다는 탁견이라 할 수 있을지도 모른다.

하지만 만약 이상의 문제가 큰 매듭으로 '국내 문제'의 모순으로 생각된다면, 필시 중국인이 지금 추구하는 사상이란 그러한 국내적인 모순을 한순간에 해결하기 위해서라도 지금 중국이 만들어내지 않으면 안 되는 사상일 터이다. 하지만 무력을 사용해 자기의 국익을 달성하고자 하는 제국주의로의 서투른 회귀는 어느 관점으로서도 국내 문제라고 할 수 없다.

이론과 행동을 통해 센카쿠를 둘러싼 제국주의 행동을 전개하여 13억 국민에게 이 사상을 분명히 한 지금, 중국은 19세기 제국주의의 실태를 명확히 보여주고 있다. 일본은 가장 중요한 지점에 이르렀다. 국제 사회가 힘 대결만으로 구성되는, 현실주의자가 말하는 대로의 사회라면, 더 이상 무슨 말을 할 수 있을까. 중국의 격세유전은 당연한 일이다. 일본도 지금부터 착실히 실력을 쌓아가면 된다.

하지만 국제 사회 속에 가치와 정체성이라는 것이 있고, 세계가 얼마간이라도 더 좋은 사회로 가야 한다면, 중국의 19세기 제국주의로의 서투른 회귀는 중요한 의미를 가질 것이다.

경제·정치·군사 면에서 중국의 강대국화는 계속될 것이다. 그러나 제국주의 국가로서 눈앞의 승리를 성취한다면 중국은 세계의 문화와 사상적 지도자가 될 자격을 잃을 것이다. 여기에 깊은 의미에서의 아시아에 큰 공백이 등장한 것이다.

누가 이 공백을 메우는 숙명을 안고 있는가? 나는 일본이라고 생각한다.

만약 지금 일본 민족이 힘을 모아 세계에서 둘도 없는 존경받을 수 있는 나라를 만들 수 있다면, 일본은 헤이세이 표류에서 완전히 벗어날 뿐만 아니라 아시아의 새로운 지도자가 될 수 있는 천재일우千載一遇의 기회를 갖는 것이다.

그러나 이를 위해서는 적확한 지혜와 스스로 고통이 따르는 행동과 주위 세계에 대한 세밀한 관심이 반드시 필요하다. 구체적으로 우리가 어떻게 행동하면 좋을까? 이 책의 주제인 영토 문제와 역사인식 문제를 중심으로 일본 외교의 과제를 말한다면, 나에게는 불가결한 과제가 세 가지 있다고 생각한다.

우선 안전보장 문제이다. 일본은 전후 오랫동안 일본인을 사로잡아 온 '좌로부터의 평화 망상'과 결별하지 않으면 안 된다. 자국을 스스로 지키는 책임 있는 안전보장 정책을 통해 서서히 미일동맹으로부터 자립을 지향하지 않으면 안 된다. 기묘하게도 센카쿠 열도를 둘러싼 중국과의 실력 대립은 전후 70여 년의 역사에서 '좌로부터의 평화 망상'에 젖어 있을 여유가 완전히 없어졌음을 시사한다.

동시에 중국에 대한 분노의 감정을 폭발시킬 뿐인 '우로부터의 평화 망상'에 맡기는 행동을 취한다면, 민족 붕괴의 위기를 낳을 가능성이 있다는 냉엄한 사실을 국민에게 보여주었다.

다음으로 중국과 한국을 중심으로 하는 역사인식 문제이다. 이 문제에 관한 한 일본인 혼魂의 편력遍歷은 아직 계속되고 있다. 전전 일본의 명예가 부당하게 상처받고 있는 상황은 시정되어야 한다. 하지만 일본이 전하려는 메시지는 중국, 한국, 미국, 기타 세계가 이 문제를 어떻게 보고 있는지 예민하게 촉각을 세운 뒤, 상대가 받아들일 수 있는 범위 내에서 효과적으로 내

보내야 한다. 무엇보다도 필요한 것은 일본 스스로 타자의 고통을 느끼고 타자의 괴로움을 이해하는 겸허함 위에 서는 것이다. 겸허함의 좁은 문으로 일본인이 들어간다면, 일본의 고통도 반드시 타자로부터 이해받을 것이다. 타자의 심리를 알지 못하고 자기의 정의를 주장하는 오만은 지금 일본에게는 광기가 된다.

마지막으로 일본 외교의 원리 속에 전후 일본인이 만들어 온 몇몇 가치를 확실하게 실현해 가야 한다. 이들 가치의 근원은 서구 문명이라고 하더라도 거기에는 인류 보편적인 몇 개의 원리가 포함된다. 그 하나는 전후 일본이 실시해 온 평화주의이기에 그것을 스스로 책임을 다하는 적극적 평화주의로 발전시켜야 한다. 또 하나는 일본 자신이 계속 배우고 있는, 개인의 인권과 민족 정신문화를 소중히 하는 민주주의다.

외교라는 '가지'가 훌륭하게 뻗어가기 위해서는 확고한 '줄기'가 지지하고, 그것은 확실히 펼쳐지는 '뿌리'를 통해 땅에 붙박혀야 한다.

'뿌리'는 사상이고, 철학이고, 종교다.
'줄기'는 현재의 경제 사회 문제를 해결하는 국가목표다.
'가지'는 안전보장과 대중국·미국·러시아·한국 등과의 외교다.

지금 일본에서는 이 세 개 영역 각각에서 격렬한 논의가 이뤄지고 있다.

하지만 이 세 개 영역을 연관시켜 일본으로부터의 새로운 사상을 형성하는 데는 이르지 못하고 있다. 아시아에 생겨난 정신적 공백을 지금이야말로 일본의 새로운 사상이 메워 이를 실천해 가지 않으면 안 된다. 메이지 이후 근대 일본에서 불완전하나마 '뿌리'와 '줄기'와 '가지'가 하나로 연결된 사상으로 움직이려 한 시대가 있었다. 1930년대 사상은 교토학파가 있고, 나라의 존재방식은 국가 체제의 본의가 있었고, 외교에서 대동아공영권이 있었던 시대이다. 패전으로 그 시대의 사상은 모두 망각의 저편으로 쫓겨났다. 우리들이 지금 21세기를 향해 열린, 새로운 문명의 창조자로서의 일본 사상을 낳고자 한다면 이 시대의 사상을 다시 배워야 한다.

절대로 그 시대로 돌아가기 위해서가 아니라, 이제부터의 일본으로부터의 사상을 만들어내기 위한 참고로 하기 위해서 말이다.

2013년 1월, NHK가 시리즈 '일본인은 무엇을 생각해 왔는가'에서 기타 잇기北一輝와 오카와 슈메이大川周明(13일), 니시다 기타로西田幾多郎(20일)를 각각 방영한 것도 바로 시대의 흐름을 나타내는 것이 아닐까? 말할 것도 없이 문명론적 일본 사상의 창조에 대해서 이 책에서 제기하고 있는 문제의식은 다양함을 보여주고 있다. 그러한 다양함 속에 언젠가 세계를 이끌, 열린 새로운 일본 문명의 사상이 태어날 것을 절실히 기대하고 이를 위해 미력이나마 힘을 쏟고 싶은 마음이다.

참고문헌

* 2012년 1월 이후 문헌을 중심으로 함.

프롤로그

「中国とも対話を」, 『日本記者クラブ』, 2012年 11月 6日 講演.
http://www.jnpc.or.jp/files/2012/11/970e54dfaa4eae87dde640f158d969ed.pdf.
「尖閣に領土問題存在せずで済むのか」, 『メディア展望』 613号, pp. 3~13, 2012年 11月 19日 講演.
"Prime Minister Abe's Good Start", *East Asia Forum*, January 11, 2013.
http://www.eastasiaforum.org/2013/01/11/prime-minister-abes-good-start/.

센카쿠 열도 문제 : 새로운 전쟁과 평화의 문제

「東アジア共同体の構築 - 背景としての日中関係 - 」, 『転換期のEUと東アジア共同体』, 台湾大学日本学研究叢書7, 徐興慶・陳永峰 編, pp. 121~150, 2012年 3月.
「国有化すべきだ」, 『毎日新聞』, 2012年 4月 20日.
「無条件ですべてを中国側と議論せよ」, 『週刊金曜日』 896号, pp. 18~19, 2012年 5月 25日.
「尖閣も堂と対話を」, 『朝日新聞』, 2012年 8月 19日.
「主権問題はあらたに棚上げし, 尖閣石油の日中共同開発を」, 『月刊マスコミ市民』 526号, pp. 11~19, 2012年 11月号.
「日本には『臥薪嘗胆』が必要だ」, 『月刊日本』, pp. 44~49, 2012年 12月号.
「対中外交は抑止と対話で」, 『南日本新聞』, 2013年 2月 4日.
"Help Beijing Step Back From Hegemonism", *The Wall Street Journal*, pp. 24~26, December 2012.

독도 문제 : 공존의 길 탐구

「日本の国益のために戦略的な対応を」,『週刊金曜日』908号, pp. 10~11, 2012年 8月 24日.

「対韓国情報戦争に勝利せよ」,『月刊日本』, pp. 28~33, 2012年 10月号.

「翻弄される国境の民 : 力とビジョン備えた国に」,『山陰中央新報』, 2013年 2月 22日. 같은 기사가 같은 날짜『琉球新報』에 게재.

"Japanese Politics, the Korean Peninsula, and China", Gilbert Rozman ed. *Joint U.S.–Korea Academic Studies*, Korea Economic Institute, pp. 33~48, 2012.

북방영토 문제 : 역사적 기회를 만나다

「共存へ機会逃すな」,『東京新聞』, 2012年 3月 18日.

「プーチン次期ロシア大統領下の日ロ関係~3月1日外国主要紙とのインタビューについて考える~」,『エルネオス』, pp. 34~37, 2012年 4月号.

「プーチン政権とケリをつけよ!」,『月刊日本』, pp. 24~30, 2012年 4月号.

「プーチン新政権との北方領土交渉」,『アジア時報』, pp. 2~3, 2012年 6月号.

「ロシアの国際戦略と日ロ関係」,『ユーラシア研究』47号, pp. 14~20, 2012年 11月.

「平和条約待たず二島返還」,『産経新聞』, 2013年 1月 8日.

「今なら『二島+α』合意可能 : 進まない北方四島返還交渉」,『毎日新聞』, 2013年 2月 11日.

"Six Lost Windows of Opportunity: Negotiations between Japan and USSR/Russia on the Northern Territories", Asian Politics and History Association, *Journal of Asian Politics and History*, to be published in, 2013.

중국의 경우 : 야스쿠니 신사와 무라야마 담화

「『村山談話』再考 : 名誉ある歴史認識の構築のために」,『世界』, pp. 231~239, 2012年 9月号.

金泰旭・金聖哲 編著, 「開かれた東アジア共同体 : 歴史と領土の克服」,『ひとつのアジア共同体を目指して』, 御茶ノ水書房, pp. 239~260, 2012年 11月 10日.

"The Historical Role and Future Implications of the Murayama Statement: A view from Japan", Kazuhiko Togo ed. *Japan and Reconciliation in Post–war–Asia*, Palgrave Pivot, pp.1~22, 2013.

한국의 경우 : 고노 담화와 위안부 문제

「世界の目厳しく－二国間問題でない従軍慰安婦」,『東京新聞』, 2012年 9月 11日.

「私たちはどのような日韓関係を残したいのか：『普遍的人権』問題としての慰安婦制度」,
　『世界』, pp. 137~45, 2011年 12月号.

「安倍政権よ,慰安婦問題を直視せよ」,『月刊日本』, pp. 42~47, 2013年 2月号.

「政府の予算を使って『慰安婦』に道義的補償を」,『週刊金曜日』931号, pp. 26~27, 2013
　年 2月 15日.

"Abe risks much with sex slave issue", The Japan Times, February 15, 2013.

대만의 경우 : 간과하기 쉬운 문제

「台湾『日本研究』熱の背後にあるもの」,『新潮45』, pp. 218~221, 2011年 8月号.

「台湾のアイデンティティ」,『新潮45』, pp. 220~223, 2011年 9月号.

「日本は台湾防衛のために命をかけよ」,『月刊日本』, pp. 28~33, 2012年 6月号.

「『領土問題』の論じ方」,『岩波ブックレット』, pp. 45~58, 2013年 1月 9日.

「『日本の台湾化』を警戒せよ」,『月刊日本』, pp. 14~17, 2013年 3月号.

중화의 세계를 넘어 : 문명 창조자로서의 일본

「自民党は今こそ先人の思いに学びコンクリート国家構想を再考せよ!」,『エルネオス』,
　pp. 52~54, 2012年 8月号.

「東日本大震災と日本の再興」,『問題と研究』第41巻 1号, 国立政治大学国際研究センター
　(台湾), pp. 1~30, 2012年 1月・2月・3月.

「瑞穂の国の資本主義に希望」,『南日本新聞』, 2013年 1月 7日.

"What will it Take for Japan to Rise Again? Vision, Regional Initiatives, and Ja-
　pan－Korea Relations", Bong Youngshik & T.J. Pempel ed. *Japan in Crisis*, The
　Asan Institute for Policy Studies, pp. 195~216, 2012.

일본 전직외교관이
말하는

일본의
역사
인식

초판 1쇄 인쇄 2015년 4월 6일
초판 1쇄 발행 2015년 4월 15일

지은이 도고 가즈히코
옮긴이 조윤수

펴낸곳 역사공간
등 록 2003년 7월 22일 제6-510호
주 소 121-842 서울특별시 마포구 동교로 142-11 플러스빌딩 3층
전 화 02-725-8806~7, 02-325-8802
팩 스 02-725-8801, 0505-325-8801
E-mail jhs8807@hanmail.net

ISBN 979-11-5707-058-9 03340